21世纪高等院校财经类专业
实训教材

成本会计
实训教程

张　丽 主　编
赵清军 孟伶云 副主编

东北财经大学出版社
Dongbei University of Finance & Economics Press
大连

图书在版编目（CIP）数据

成本会计实训教程 / 张丽主编. —大连：东北财经大学出版社，2024.5

（21世纪高等院校财经类专业实训教材）

ISBN 978-7-5654-5196-6

Ⅰ.成… Ⅱ.张… Ⅲ.成本会计-高等学校-教材 Ⅳ.F234.2

中国国家版本馆CIP数据核字（2024）第060688号

东北财经大学出版社出版

（大连市黑石礁尖山街217号 邮政编码 116025）

网 址：http://www.dufep.cn

读者信箱：dufep@dufe.edu.cn

大连图腾彩色印刷有限公司印刷 东北财经大学出版社发行

幅面尺寸：170mm×240mm 字数：249千字 印张：15 插页：1

2024年5月第1版 2024年5月第1次印刷

责任编辑：李 彬 王 丽 周 慧 责任校对：雪 园

封面设计：张智波 版式设计：原 皓

定价：42.00元

教学支持 售后服务 联系电话：（0411）84710309

如有印装质量问题，请联系营销部：（0411）84710711

总 序

20世纪90年代末以来，我国高等教育取得了跨越式的发展，正在由“精英教育”向“大众化教育”转变。在高等教育大众化背景下，培养学生实践能力和创新能力逐步成为各高等院校提高本科教学质量的重要目标。财经类专业作为当前经济社会中最具发展性和最具时代活力的专业之一，本身就具有极强的实践性和应用性特点。随着经济社会形势的发展，大学生就业形势日益严峻，用人单位对财经类专业毕业生的实际操作能力的要求也越来越高。学生不但要有比较坚实的理论功底，更要有较强的实践能力和创新能力。

在财经类应用型人才的培养过程中，实践教学具有不可或缺的作用。高等教育的教学过程主要由理论教学和实践教学两部分组成。理论教学以教师讲授为主，主要任务是传授知识；实践教学包括军训、社会实践、实习、实验、实训、毕业（设计）论文等内容，主要任务在于培养能力与素质。为实现人才培养过程中传授知识、培养能力和提高素质的协调统一，学校在注重理论教学的同时，也必须高度重视实践教学。在理论教学中传授的知识需要在实践教学中验证、消化与巩固，同时，实践教学还发挥着培养学生动手能力、形成专业素养、启发学生创新思维、增强创新意识、提升创新能力的重要作用。可以说，没有高质量的实践教学，培养高素质的财经类应用型人才这一目标就难以实现。

随着大众化教育的推行，高校的学生规模急剧扩大，实习资源日益紧缺，实训作为实践教学的重要组成部分，在培养学生实践能力方面起着越来越重要的作用。与实习相比，实训的地点和形式更为灵活，可以在校内进行，也可以在校外进行，克服了实习过程中实习单位、实习岗位等因素的限制，可以较好地解决目前学生实习难的问题。实训在教师的指导下，按照人才培养规律与目标，通过全真的角色模拟、岗位轮换，让学生亲身体验，从而切实达到提高动手能力和训练职业技能等目的。实训不仅有巩固学生所学的理论知识，使学生获得实践知识和管理知识，培养学生的实际工作能力，完成实践教学目标的功能，还具有引导学生了解社会、接触实际，增强学生的职业道德意识、团队精神和社会责任感的育人功能。

目前，很多财经类院校已经意识到实训教学的重要性，开始建立实训中心或基地，开设相关实训课程。要真正搞好实训教学，必须遵循实训教学规律，创立一个目的明确、层次分明、系统完整的实训教学体系。作为教学过程中一个不可缺少的重要环节，实训教学有其自身的科学性、系统性和衔接性，与理论教学平行而又相互协调、相辅相成。为更好地推动实训教学的发展，除了建立良好的实训条件，创造较为逼真的实训情境和环境外，还必须有切实可行、操作性较强的实训教程，并以此为基础逐步形成以学生为主体、教师为主导，多层次、系列化、模块化、开放式的实训教学体系。因此，在理论教材的基础上结合社会需求，编写出要求一致、规范统一的实训配套教材成为推动实训教学发展的关键。

为更加有效地开展实训教学，我们组织编写了这套“21世纪高等院校财经类专业实训教材”，具体包括《旅游管理实训教程》、《市场营销实训教程》、《人力资源管理实训教程》、《成本会计实训教程》、《财务管理实训教程》、《审计实训教程》、《电算化会计实训教程》、《国际贸易实务实训教程》、《国际贸易单证实训教程》和《经济法实训教程》10本，涉及旅游管理、市场营销、人力资源管理、会计学、财务管理、国际经济与国际贸易等专业。本套教材注重实训教学与理论教学的衔接，突出实训教材的实用性、适用性、仿真性、可操作性等特点，适用于高等院校经济管理类专业本科生的实训教学，也可作为相关从业人员的学习、培训用书。

在本系列教材的编写过程中，我们力求精益求精，但由于经验不足、时间有限，教材中难免存在不妥之处，恳请读者给予指正。

“21世纪高等院校财经类专业实训教材”编审委员会

前　言

经济越发展，会计越重要。成本会计作为会计的一个重要分支，是会计学科体系中的一个重要组成部分。随着生产过程的日趋复杂，生产和经营管理都对成本会计提出了新的要求，成本会计不断向更深层次的方向发展，也对成本会计的教学提出了更高的要求。成本会计是一门集知识、技能、实训于一体的专业课教育，其基本职能是对企业生产经营管理中发生的成本、费用进行核算和监督，具有很强的实践性。由此，成本会计的实践教学是该课程教学过程中一个重要的、必不可少的环节。

行业现状。根据财政部发布的《会计行业人才发展规划（2021—2025年）》，截至2020年底，我国共有670.20万人取得初级会计专业技术资格，242.02万人取得中级会计专业技术资格，20.57万人通过高级会计专业技术资格考试。会计有助于提供决策有用的信息，提高企业透明度，规范企业行为；会计有助于企业加强经营管理，提高经济效益，促进企业可持续发展。经过持续不断的发展，我国会计行业服务于企业、国家的体制机制不断优化，服务领域涉及各行各业，成为促进经济社会健康发展不可或缺的力量。

目标定位。本书是面向高等教育、职业教育的会计、审计、财务管理等专业以及经济类专业学生学习成本会计课程的配套教材，旨在进一步提高学生的成本核算技能和处理实际业务的实践能力，也可供从事成本会计工作的实际工作者参考。本实训教程既包括学生在成本会计学中应掌握的成本会计相关理论基础，又将实训、案例与理论相结合，使学生能够全面、快速、准确地将理论与实践相结合，提升学生应用所学理论解决实际问题的能力。

课程思政。本书将党的二十大精神融入教材，围绕立德树人根本任务，发挥成本会计学教学“守好一段渠，种好责任田”的课程思政任务。成本会计实训课程主要培养学生树立正确的社会主义市场经济商业伦理观，并将社会主义核心价值观、会计职业道德、职业精神、职业素养、创新精神、行业认同感、法治观念等思政内容融入课程，使学生深刻把握新时代新征程会计工作战略定位和前进方向，依法忠实履行成本会计核算与监督职责，做一名有使命感、责任感、求真务实、知行合一、诚实守信的社会主义事业建设者。

本书特色。成本会计实训是一门技术性和应用性都很强的课程，是培养学生综合运用所学知识解决专业问题能力的一门实践性课程。本书以我国最新的会计制度和会计理论前沿为依据，将会计理论与实践操作有机结合。教程以制造企业——钢铁企业的经济活动为例，按照成本会计岗位的要求设计实训项目和任务，素材丰富，资料翔实，实训内容具有实用性和可操作性。结合课程特点以及作者多年从教经验撰写本书，其具有以下特点：①系统性强，设置的实训模块覆盖成本会计核算的整套流程。每一模块都设有实训目的、理论知识点、实训内容，其中在实训内容中又分别设置实训所需条件、实训要求、实训组织方法及步骤、实训参考答案。通过上述模块和内容的设计，学生可以综合运用所学的成本会计基本理论、基本知识和基本方法，独立完成一项成本核算任务，有利于学生毕业后更快适应社会需要。②成本归集、结转方法比较全面。本书呈现了要素费用分配、辅助生产成本的分配、制造费用的分配、在产品与完工产品成本的分配、品种法、分批法、分步法、成本报表的编制与分析等主要内容，并且在每种成本核算项目下都设置多个典型的实训内容，让学生"学中做、做中学"，着力体现"以学生为中心、以教师为主导、以训练为主线"的课程教学改革新思路。③剖析实例与案例，围绕教育改革，提升学生实践能力。为适应教育部"财经应用型创新人才培养模式改革"的需要，在每一个实训模块最后都设有案例专栏。通过案例分析启发学生思考，同时为教师理论教学提供课堂讨论的教学资料。④更新表现形式，增加思政实训目标。教程中的案例专栏部分增加扫码区域，方便快捷，符合现代读者的阅读特点，便于调动读者阅读的积极性，提高学习效率和效果。将思政内容融入案例分析，在案例分析中培养学生的独立思考、爱岗敬业、行业认同、社会责任感。

内容结构。本书可分为三个部分：第一部分主要是单项实训，包括费用要素、辅助生产费用、制造费用、生产费用在完工产品和在产品之间的分配实训；第二部分主要是综合实训，包括品种法、分批法和分步法实训；第三部分为成本报表编制与分析实训。本书按照由浅入深、先分后总的顺序安排实训业务，教师可根据实际教学需求进行取舍，合理安排实训进度。

本书整体结构见下图：

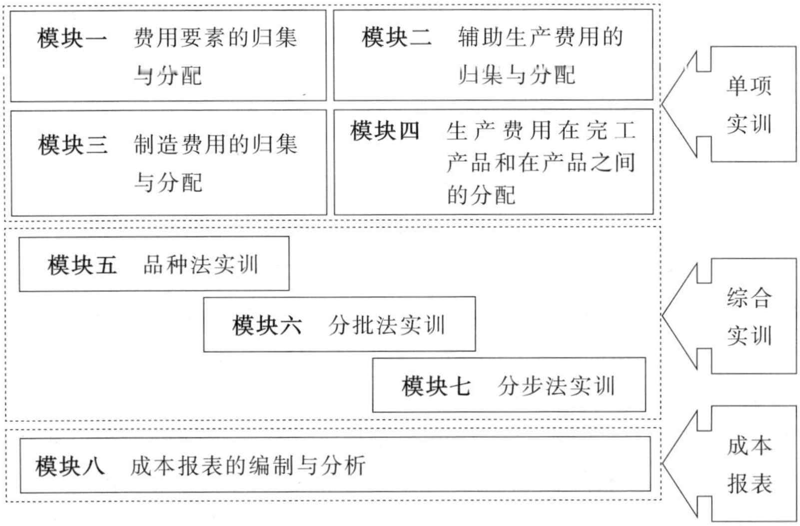

本书整体结构图

本书由张丽教授负责全书的策划，由张丽教授负责全书的撰写并担任主编，由南召凤副教授、孟伶云老师担任副主编，汪可博士、赵清军博士进行了资料整理、修改校对等工作。本书得到了东北财经大学出版社的大力支持和帮助，编辑们认真的工作态度为本书的出版提供了保障。本书参考了大量的国内外资料和案例，在修订过程中，各高校同行也提出很多中肯的意见和建议，在此表示衷心感谢！

由于编者理论水平有限，对实际探索与研究又不够深入，书中出现不足或错误在所难免，敬请会计界同仁和各位读者不吝赐教。

编　者

2024年2月于大连

目　录

模块一　费用要素的归集与分配实训

一、实训目的

本模块主要通过模拟企业材料费用、工资费用和动力费用的归集与分配，要求学生掌握材料费用、人工费用和动力费用归集与分配的基本原理，在此基础上熟悉材料费用、人工费用及动力费用的分配方法和成本计算程序，并与成本核算账务处理系统相结合，以培养学生的理论应用能力和实际动手操作能力，训练其实务操作技能。

本模块的思政目标为，帮助学生树立成本会计人员立足本职岗位，做好要素费用的归集与分配等基础工作的理念，并将自身职业规划与企业发展、时代发展相结合，在实现个人抱负的同时，树立服务人民、服务群众的理想信念。

二、理论知识点

企业的成本核算，就是将企业发生的各项生产费用分配计入产品成本，从而计算出产品的总成本和单位成本的过程。为了正确进行成本核算，首先需要对生产费用按一定标准进行分类。

（一）生产费用按经济内容进行分类

生产费用按经济内容进行分类，即要明确在生产过程中消耗了什么，消耗了多少活劳动，消耗了哪些物化劳动。凡为生产产品和提供劳务而开支的货币资金以及消耗的各项实物资产，均称为费用要素。工业加工企业的生产费用一般可分为以下6项费用要素。

1.外购材料

外购材料指企业为生产产品和提供工业性劳务而消耗的由外部购入的原料及主要材料、辅助材料、半成品、周转材料等。

2.外购燃料

外购燃料指企业为生产产品和提供劳务而耗用的一切外购的固体、液体、气体燃料。

3.外购动力

外购动力指企业为生产产品和提供劳务而耗用的一切由外部购入的电力、蒸汽等各种动力。

4.职工薪酬

职工薪酬指企业为生产产品和提供劳务而发生的职工工资、福利费、各项社会保险及住房公积金等。

5.折旧费

折旧费指企业的生产单位（车间、分厂）按规定计提的固定资产折旧费。

6.其他支出

其他支出指企业为生产产品和提供劳务而发生的不属于以上要素费用的费用支出，如车间发生的办公费、差旅费、水电费、保险费等。

上述是对生产费用按经济内容进行的分类，是指对那些计入产品生产成本的费用所进行的分类，没有包括期间费用。生产费用按经济内容分类可以了解生产过程中物化劳动和活劳动的耗费情况。这些在产品生产过程中发生的各项生产费用，应采用一定的方法进行归集并分配计入产品成本。

费用要素归集与分配的原则是，按照费用要素的用途和发生的地点，将各种费用要素区分为应计入产品成本的费用要素和不应计入产品成本的费用要素。凡是专为某种产品所耗用，并能确认其负担数额的直接费用，应根据原始凭证采取直接计入的方法计入某种产品成本；凡是几种产品共同耗用，不能确认为某种产品所消耗的间接费用，则应先归集，然后采取适当的方法分配计入产品成本。

因此，费用分配的一般原则可以概括为：凡是属于直接费用的应直接计入产品成本，属于间接费用的经归集与分配后计入产品成本。

（二）生产费用要素分配的一般程序

生产费用要素分配的一般程序为：（1）根据发生费用的原始凭证或原始凭证汇总表，编制费用分配表或费用汇总分配表，并编制记账凭证；（2）根据原始凭证或记账凭证登记各种成本明细账；（3）根据记账凭证登记成本类总账。

本实训模块就是对模拟企业主要要素费用的归集和分配进行实训，包括材料费用的归集和分配、工资费用的归集和分配以及动力费用的归集与分配三个实训环节。通过这三个环节的实训，掌握要素费用的归集和分配方法以及相应的账务处理。

（三）材料费用的归集与分配

1.材料费用的内容

材料是生产过程中的劳动对象，材料费用是企业在生产过程中使用材料所发生的费用，包括制造产品过程中耗用的各种原料及主要材料、辅助材料、燃料、修理用备件、外购半成品、低值易耗品和包装物等费用。

2.材料费用的归集

材料费用的归集是指将一定会计期间企业在生产经营过程中消耗的材料费用，按其发生的地点和用途进行合计、汇总的过程，是进行材料费用分配的基础和前提。材料费用的归集主要包括以下几个方面的工作。

（1）入库材料成本的确定。

正确地确定入库材料的成本，是正确计算产品成本中材料成本的前提和基础。材料费用的计算，因企业对材料日常采用的计价方法、管理模式和规模大小的不同而有差别。在一般情况下，如果企业规模较小，材料的品种规格不多且收发不太频繁，材料可按实际成本计价；若企业规模较大，材料的品种规格繁多且收发频繁，则材料应按计划成本计价。

（2）领用材料的原始凭证和材料费用的归集。

领用材料应由专人负责，并经有关人员签字审核后，才能办理领料手续。领用材料时使用的原始凭证主要包括领料单、限额领料单和领料登记表等。到了月末，将各种领料凭证按车间、部门进行汇总，就能计算出各车间、部门消耗材料的数量和金额，通过编制“材料费用分配表”即可进行材料费用分配的核算。随着信息化时代的到来，采用ERP计算成本的企业，只需要设置基础的数据，就可以实现企业资源的共享，无须编制“材料费用分配表”。

（3）发出材料成本的确定。

发出材料的实际成本，可采用先进先出法、月末一次加权平均法、移动加权平均法或个别计价法等方法计算确定。对不同的材料，可以采用不同的计价方法。

3.材料费用的分配

（1）材料费用分配的原则。

材料费用的分配就是按照材料的用途把费用计入成本计算对象。材料费用的分配，是通过编制“材料费用分配表”的方式进行的。

生产过程中领用的材料，凡是能根据领料凭证直接确定其被某一种产品直接耗用的，可直接记入“生产成本”账户及所属明细账中的“直接材料”成本项目。几种产品共同耗用的材料，应采用适当方法在相关产品之间进行分配后记入各相关产品成本明细账中的“直接材料”成本项目。对于生产车间和行政管理部门一般耗用的材料，应分别记入“制造费用”明细账和“管理费用”明细账。

在材料费用的分配中，对于直接用于生产各种产品的材料，如果数量较少，金额较小，根据重要性原则，可以采用简化的分配方法，即全部计入“制造费用”中。

（2）材料费用分配的方法。

材料费用分配的方法是针对几种产品共同耗用某种材料时而采用的方法，一般应采取分配的方法计入，材料费用分配率的计算公式如下：

$$材料费用分配率=\frac{材料费用总额}{分配标准} \tag{1.1}$$

材料费用总额为材料实际总耗用量与材料单价的积，分配标准一般按产品的重量、体积确定，在材料消耗定额比较准确的情况下，原材料及主要材料费用可以按产品的材料定额消耗量或材料定额费用比例进行分配。

月末，企业各车间、部门，应根据领料凭证汇总表编制“材料费用分配表”，并在此基础上，汇总编制“材料费用汇总分配表”。

（四）工资费用的归集与分配

1.工资费用的内容

职工薪酬，是指企业为获得职工提供的服务或解除劳动关系而给予的各种形式的报酬或补偿。职工薪酬包括短期薪酬、离职后福利、辞退福利和其他长期职工福利。企业提供给职工配偶、子女、受赡养人、已故员工遗属及其他受益人等的福利，也属于职工薪酬。

企业在一定时期内支付给职工的薪酬总额（予以资本化的除外）形成了企业的工资费用，即人工成本。

2.工资费用的归集

工资费用的归集过程即企业计算出一定期间内应付职工薪酬总额的过程，工资费用应按人工费用发生的地点和用途加以归集。在归集工资费用时，应按国家关于工资总额范围的规定进行，对于不允许列入工资总额的部分应予以剔除，要按各部门职工工资单，正确地汇总编制“工资结算汇总表”，作为工资总分类核算的依据。

3.工资费用的分配

工资费用按人工费用发生的地点和用途加以归集后，仍应以此作为工资费用分配的依据：对于生产车间直接从事产品生产的生产工人的工资，应记入“生产成本”账户；生产车间管理人员的工资应记入“制造费用”账户；行政管理人员的工资应记入“管理费用”账户；工程建造人员的工资应记入“在建工程”账户；专设销售机构人员的工资应记入“销售费用”账户。根据这一分配原则和“工资结算汇总表”提供的资料，即可编制“职工薪酬费用分配表”。

在编制“职工薪酬费用分配表”时，对生产工人工资，如果只生产一种产品时，可以根据工资结算凭证，直接记入成本计算单中“直接工资”成本项目；如果生产多种产品时，应采用适当方法分配记入各产品成本计算单的“直接工资”成本项目，实际工作中，常以产品生产耗用的实际工时或定额工时为分配标准。其计算公式如下：

$$生产工人工资分配率 = \frac{生产工人工资总额}{各种产品实际(定额)工时之和} \tag{1.2}$$

某产品应分配的工资额=某产品实际（定额）工时×生产工人工资分配率　（1.3）

动力费用的归集与分配和工资费用的归集与分配过程类似，此处不再赘述。

三、实训内容

实训一　材料费用的归集与分配实训

（一）实训所需条件

1.实训所需资料。

（1）企业基本情况。

朝阳市钢铁有限公司是辽宁省朝阳市一家加工制造企业，现设有一个基本生产车间和机械修理、电力供应两个辅助生产车间。基本生产车间常年生产内齿轮和外齿轮两种产品。辅助生产车间为基本生产车间以及企业其他部门提供服务。该企业属于增值税一般纳税人。

（2）企业成本核算的有关规定。

① 开设“生产成本”科目，对各生产车间发生的生产费用进行总分类核算；二级科目按“基本生产成本”和“辅助生产成本”开设；三级科目按车间或产品品种开设。开设“制造费用”科目，对基本生产车间发生的各项制造费用进行核算，辅助生产车间发生的各项制造费用不通过“制造费用”科目核算。

② 材料费用的分配采用定额耗用量比例分配法。

③ 低值易耗品采用一次摊销法摊销。

④ 采用通用记账凭证格式。

⑤ 企业的账务处理程序采用科目汇总表账务处理程序。

（3）该企业2024年1月的产品产量及有关消耗定额见表1-1。

表1-1　**产量及有关消耗定额**

产品	实际产量（件）	单位定额（千克）
内齿轮	400	5.5
外齿轮	560	5

（4）朝阳市钢铁有限公司2024年1月发料情况见表1-2至表1-12。

表1-2

领料单

领料部门：基本生产车间　　开票日期 2024年1月4日　　NO：001

<table>
<tr><td rowspan="2">材料编号</td><td rowspan="2">材料名称</td><td rowspan="2">规格</td><td rowspan="2">单位</td><td rowspan="2">请领数量</td><td rowspan="2">实发数量</td><td colspan="2">价格</td></tr>
<tr><td>单价</td><td>金额</td></tr>
<tr><td>LHJ</td><td>铝合金</td><td>A384</td><td>吨</td><td>0.2</td><td>0.2</td><td>18 000</td><td>3 600</td></tr>
<tr><td rowspan="3">用途</td><td rowspan="3">生产内齿轮</td><td colspan="2">领料部门</td><td colspan="4">发料部门</td></tr>
<tr><td>负责人</td><td>领料人</td><td colspan="2">核准人</td><td colspan="2">发料人</td></tr>
<tr><td>李海波</td><td>马志华</td><td colspan="2">李强</td><td colspan="2">朱小芳</td></tr>
</table>

第二联 记账联

表1-3

领料单

领料部门：基本生产车间　　开票日期 2024年1月 5 日　　NO：002

<table>
<tr><td rowspan="2">材料编号</td><td rowspan="2">材料名称</td><td rowspan="2">规格</td><td rowspan="2">单位</td><td rowspan="2">请领数量</td><td rowspan="2">实发数量</td><td colspan="2">价格</td></tr>
<tr><td>单价</td><td>金额</td></tr>
<tr><td>ZT</td><td>铸铁</td><td>18LT/U</td><td>吨</td><td>0.5</td><td>0.5</td><td>4 000</td><td>2 000</td></tr>
<tr><td rowspan="3">用途</td><td rowspan="3">生产外齿轮</td><td colspan="2">领料部门</td><td colspan="4">发料部门</td></tr>
<tr><td>负责人</td><td>领料人</td><td colspan="2">核准人</td><td colspan="2">发料人</td></tr>
<tr><td>李海波</td><td>马志华</td><td colspan="2">李强</td><td colspan="2">朱小芳</td></tr>
</table>

第二联 记账联

表1-4

领料单

领料部门：基本生产车间　　开票日期 2024年1月7日　　NO：003

<table>
<tr><td rowspan="2">材料编号</td><td rowspan="2">材料名称</td><td rowspan="2">规格</td><td rowspan="2">单位</td><td rowspan="2">请领数量</td><td rowspan="2">实发数量</td><td colspan="2">价格</td></tr>
<tr><td>单价</td><td>金额</td></tr>
<tr><td>BXG</td><td>不锈钢</td><td></td><td>千克</td><td>1 400</td><td>1 400</td><td>6.2</td><td>8 680</td></tr>
<tr><td rowspan="3">用途</td><td rowspan="3">内齿轮、外齿轮共用</td><td colspan="2">领料部门</td><td colspan="4">发料部门</td></tr>
<tr><td>负责人</td><td>领料人</td><td colspan="2">核准人</td><td colspan="2">发料人</td></tr>
<tr><td>李海波</td><td>赵宏伟</td><td colspan="2">李强</td><td colspan="2">朱小芳</td></tr>
</table>

第二联 记账联

表1-5

领料单

领料部门：供电车间　　开票日期 2024年1月15日　　NO：004

<table>
<tr><td rowspan="2">材料编号</td><td rowspan="2">材料名称</td><td rowspan="2">规格</td><td rowspan="2">单位</td><td rowspan="2">请领数量</td><td rowspan="2">实发数量</td><td colspan="2">价格</td></tr>
<tr><td>单价</td><td>金额</td></tr>
<tr><td>RY</td><td>燃油</td><td></td><td>吨</td><td>2</td><td>2</td><td>4 800</td><td>9 600</td></tr>
<tr><td rowspan="3">用途</td><td rowspan="3">发电</td><td colspan="2">领料部门</td><td colspan="4">发料部门</td></tr>
<tr><td>负责人</td><td>领料人</td><td colspan="2">核准人</td><td colspan="2">发料人</td></tr>
<tr><td>贺静</td><td>马晓丹</td><td colspan="2">李强</td><td colspan="2">朱小芳</td></tr>
</table>

第二联 记账联

表1-6　　**领 料 单**

领料部门：修理车间　　开票日期 2024年1月18日　　NO：005

<table>
<tr><th rowspan="2">材料编号</th><th rowspan="2">材料名称</th><th rowspan="2">规格</th><th rowspan="2">单位</th><th rowspan="2">请领数量</th><th rowspan="2">实发数量</th><th colspan="2">价格</th></tr>
<tr><th>单价</th><th>金额</th></tr>
<tr><td>PJ</td><td>机器配件</td><td></td><td>件</td><td>15</td><td>15</td><td>240</td><td>3 600</td></tr>
<tr><td rowspan="3">用途</td><td rowspan="3">机物料消耗</td><td colspan="3">领料部门</td><td colspan="3">发料部门</td></tr>
<tr><td colspan="2">负责人</td><td>领料人</td><td colspan="2">核准人</td><td>发料人</td></tr>
<tr><td colspan="2">曹峰</td><td>梁建安</td><td colspan="2">李强</td><td>朱小芳</td></tr>
</table>

第二联　记账联

表1-7　　**领 料 单**

领料部门：供电车间　　开票日期 2024年1月18日　　NO：006

<table>
<tr><th rowspan="2">材料编号</th><th rowspan="2">材料名称</th><th rowspan="2">规格</th><th rowspan="2">单位</th><th rowspan="2">请领数量</th><th rowspan="2">实发数量</th><th colspan="2">价格</th></tr>
<tr><th>单价</th><th>金额</th></tr>
<tr><td>GRY</td><td>隔热衣</td><td></td><td>件</td><td>20</td><td>20</td><td>80</td><td>1 600</td></tr>
<tr><td rowspan="3">用途</td><td rowspan="3">低值易耗品</td><td colspan="3">领料部门</td><td colspan="3">发料部门</td></tr>
<tr><td colspan="2">负责人</td><td>领料人</td><td colspan="2">核准人</td><td>发料人</td></tr>
<tr><td colspan="2">贺静</td><td>林大伟</td><td colspan="2">李强</td><td>朱小芳</td></tr>
</table>

第二联　记账联

表1-8　　**领 料 单**

领料部门：修理车间　　开票日期 2024年1月20日　　NO：007

<table>
<tr><th rowspan="2">材料编号</th><th rowspan="2">材料名称</th><th rowspan="2">规格</th><th rowspan="2">单位</th><th rowspan="2">请领数量</th><th rowspan="2">实发数量</th><th colspan="2">价格</th></tr>
<tr><th>单价</th><th>金额</th></tr>
<tr><td>BJ</td><td>备品备件</td><td></td><td>个</td><td>16</td><td>16</td><td>20</td><td>320</td></tr>
<tr><td rowspan="3">用途</td><td rowspan="3">低值易耗品</td><td colspan="3">领料部门</td><td colspan="3">发料部门</td></tr>
<tr><td colspan="2">负责人</td><td>领料人</td><td colspan="2">核准人</td><td>发料人</td></tr>
<tr><td colspan="2">曹峰</td><td>廖茂林</td><td colspan="2">李强</td><td>朱小芳</td></tr>
</table>

第二联　记账联

表1-9　　**领 料 单**

领料部门：基本生产车间　　开票日期 2024年1月22日　　NO：008

<table>
<tr><th rowspan="2">材料编号</th><th rowspan="2">材料名称</th><th rowspan="2">规格</th><th rowspan="2">单位</th><th rowspan="2">请领数量</th><th rowspan="2">实发数量</th><th colspan="2">价格</th></tr>
<tr><th>单价</th><th>金额</th></tr>
<tr><td>JY</td><td>机油</td><td></td><td>吨</td><td>0.5</td><td>0.5</td><td>800</td><td>400</td></tr>
<tr><td rowspan="3">用途</td><td rowspan="3">机物料消耗</td><td colspan="3">领料部门</td><td colspan="3">发料部门</td></tr>
<tr><td colspan="2">负责人</td><td>领料人</td><td colspan="2">核准人</td><td>发料人</td></tr>
<tr><td colspan="2">李海波</td><td>丁松</td><td colspan="2">李强</td><td>朱小芳</td></tr>
</table>

第二联　记账联

表1-10 **领料单**

领料部门：基本生产车间　　开票日期 2024年1月22日　　NO：009

<table>
<tr><td rowspan="2">材料编号</td><td rowspan="2">材料名称</td><td rowspan="2" colspan="2">规格</td><td rowspan="2">单位</td><td rowspan="2">请领数量</td><td rowspan="2" colspan="2">实发数量</td><td colspan="2">价格</td></tr>
<tr><td>单价</td><td>金额</td></tr>
<tr><td>GZF</td><td>工作服</td><td colspan="2"></td><td>件</td><td>30</td><td colspan="2">30</td><td>3</td><td>90</td></tr>
<tr><td rowspan="3">用途</td><td rowspan="3">低值易耗品</td><td colspan="5">领料部门</td><td colspan="3">发料部门</td></tr>
<tr><td colspan="2">负责人</td><td colspan="3">领料人</td><td colspan="2">核准人</td><td>发料人</td></tr>
<tr><td colspan="2">李海波</td><td colspan="3">丁松</td><td colspan="2">李强</td><td>朱小芳</td></tr>
</table>

第二联 记账联

表1-11 **领料单**

领料部门：行政管理部门　　开票日期 2024年1月25日　　NO：010

<table>
<tr><td rowspan="2">材料编号</td><td rowspan="2">材料名称</td><td rowspan="2" colspan="2">规格</td><td rowspan="2">单位</td><td rowspan="2">请领数量</td><td rowspan="2" colspan="2">实发数量</td><td colspan="2">价格</td></tr>
<tr><td>单价</td><td>金额</td></tr>
<tr><td>BXG</td><td>不锈钢</td><td colspan="2"></td><td>千克</td><td>10</td><td colspan="2">10</td><td>140</td><td>1400</td></tr>
<tr><td rowspan="3">用途</td><td rowspan="3">制作防盗护栏</td><td colspan="5">领料部门</td><td colspan="3">发料部门</td></tr>
<tr><td colspan="2">负责人</td><td colspan="3">领料人</td><td colspan="2">核准人</td><td>发料人</td></tr>
<tr><td colspan="2">李林</td><td colspan="3">姚海</td><td colspan="2">李强</td><td>朱小芳</td></tr>
</table>

第二联 记账联

表1-12 **领料单**

领料部门：行政管理部门　　开票日期 2024年1月28日　　NO：011

<table>
<tr><td rowspan="2">材料编号</td><td rowspan="2">材料名称</td><td rowspan="2" colspan="2">规格</td><td rowspan="2">单位</td><td rowspan="2">请领数量</td><td rowspan="2" colspan="2">实发数量</td><td colspan="2">价格</td></tr>
<tr><td>单价</td><td>金额</td></tr>
<tr><td>YSJ</td><td>自动饮水机</td><td colspan="2"></td><td>台</td><td>1</td><td colspan="2">1</td><td>280</td><td>280</td></tr>
<tr><td rowspan="3">用途</td><td rowspan="3">低值易耗品</td><td colspan="5">领料部门</td><td colspan="3">发料部门</td></tr>
<tr><td colspan="2">负责人</td><td colspan="3">领料人</td><td colspan="2">核准人</td><td>发料人</td></tr>
<tr><td colspan="2">李林</td><td colspan="3">姚海</td><td colspan="2">李强</td><td>朱小芳</td></tr>
</table>

第二联 记账联

2.实训需要真实的通用记账凭证5张，活页式生产成本明细账5张，活页式多栏明细账2张，数量金额式明细账7张，凭证封皮1张。实训还需剪刀、直尺、胶水、印台、计算器、档案袋、装订线、装订机等工具。

（二）实训要求

1.根据领料单编制领料凭证汇总表（参考格式见表1-13）。

2.根据领料凭证汇总表编制材料费用分配表（参考格式见表1-14）。

3.根据本月发生经济业务的原始凭证编制记账凭证。

4.根据编制的记账凭证登记有关明细账。

5.编制科目汇总表并登记有关总账（科目汇总表参考格式见表1-15，每月汇总编制一次）。

6.计算中间结果保留四位小数，最终结果保留两位小数。

7.有关自制原始凭证的参考格式见表1–13至表1–15（实训中所用到的记账凭证、账页均采用实际工作中所用的真实凭证与账页，其格式从略）。

表1–13　　**领料凭证汇总表**

2024年1月　　单位：元

金额　部门 材料	基本生产车间		辅助生产车间		行政管理部门	合计
	产品用	车间一般耗用	供电车间	修理车间		

业务主管部门：　　审核：　　制表：

表1–14　　**材料费用分配表**

2024年1月　　金额单位：元

分配对象		成本费用项目	直接计入金额	分配计入金额			合计
				分配标准（定额耗用量）	分配率	金额	
基本生产车间	内齿轮	直接材料					
	外齿轮	直接材料					
	小计						
	一般耗用	机物料消耗					
		低值易耗品					
辅助生产车间	供电车间	燃料费					
		低值易耗品					
	修理车间	机物料消耗					
		低值易耗品					
	小计						
行政管理部门		修理费					
		低值易耗品					

业务主管部门：　　审核：　　制表：

表1-15　　科目汇总表

2024年1月31日　　科汇　号

会计科目	本期发生额		记账
	借方	贷方	
合计			

业务主管部门：　　审核：　　制表：

（三）实训组织方法及步骤

本实训安排在相关理论知识讲授完之后进行，在实训指导教师的指导下，由学生本人独立完成。学生以班级为单位统一到会计手工模拟实验室进行实训。实训前要求学生对相关知识进行预习，特别是要对基础会计中的有关记账凭证的编制和账簿登记的有关规定进行复习。实训的具体步骤如下：

1.开设相关的总账和明细账。

2.根据领料单编制领料凭证汇总表。

3.根据领料凭证汇总表编制材料费用分配表。

4.根据本月发生的经济业务的原始凭证编制记账凭证，并将相关的原始凭证附在其后。

5.学生两人一组，互相对所填制的记账凭证进行审核。

6.根据审核无误的记账凭证登记有关明细账。

7.根据审核无误的记账凭证编制科目汇总表。

8.根据科目汇总表登记有关总账。

实训结束后学生应将完成的各种资料转入配发的档案袋中，上交实训指导教师。

本实训计划安排2个学时。

（四）实训参考答案

1.自制原始凭证见表1-16至表1-18：

表1-16

领料凭证汇总表

2024年1月　　　　单位：元

金额 部门 材料	基本生产车间		辅助生产车间		行政管理部门	合计
	产品用	车间一般耗用	供电车间	维修车间		
铝合金	3 600					3 600
铸铁	2 000					2 000
不锈钢	8 680				1 400	10 080
燃油			9 600			9 600
机器配件				3 600		3 600
低值易耗品		90	1 600	320	280	2 290
机油		400				400
合计	14 280	490	11 200	3 920	1 680	31 570

业务主管部门：　　　　审核：　　　　制表：

表1-17

材料费用分配表

2024年1月　　　　金额单位：元

分配对象		成本费用项目	直接计入金额	分配计入金额			合计
				分配标准（定额耗用量）	分配率	金额	
基本生产车间	内齿轮	直接材料	3 600	2 200	1.736	3 819.20	7 419.20
	外齿轮	直接材料	2 000	2 800		4 860.80	6 860.80
	小计		5 600	5 000	1.736	8 680	14 280
	一般耗用	机物料消耗	400				400
		低值易耗品	90				90
辅助生产车间	供电车间	燃料费	9 600				9 600
		低值易耗品	1 600				1 600
	维修车间	机物料消耗	3 600				3 600
		低值易耗品	320				320
	小计		15 120				15 120
行政管理部门		修理费	1 400				1 400
		低值易耗品	280				280

业务主管部门：　　　　审核：　　　　制表：

表1-18

科目汇总表

2024年1月31日　　　　科汇　号

会计科目	本期发生额		记账
	借方	贷方	
生产成本	29 400		
管理费用	1 680		
制造费用	490		
原材料		29 280	
周转材料		2 290	
合计	31 570	31 570	

业务主管部门：　　　　审核：　　　　制表：

2.会计分录：

（1）借：生产成本——基本生产成本（内齿轮）　7 419.20
　　——基本生产成本（外齿轮）　6 860.80
　　——辅助生产成本（供电车间）　9 600
　　——辅助生产成本（维修车间）　3 600
　　管理费用　1 400
　　制造费用　400
　贷：原材料——铝合金　3 600
　　——铸铁　2 000
　　——不锈钢　10 080
　　——燃油　9 600
　　——机油　400
　　——机器配件　3 600

（2）借：制造费用　90
　　生产成本——辅助生产成本（供电车间）　1 600
　　——辅助生产成本（维修车间）　320
　　管理费用　280
　贷：周转材料——低值易耗品　2 290

实训二　工资费用的归集和分配实训

（一）实训所需条件

1.实训所需资料。

（1）企业基本情况。

朝阳市钢铁有限公司设有一个基本生产车间和两个辅助生产车间（供电车间和

维修车间)。基本生产车间常年生产内齿轮、外齿轮两种产品。辅助生产车间为基本生产车间以及企业其他部门提供电力和维修服务。

(2)企业成本核算的有关规定。

① 开设“应付职工薪酬”科目,对企业发生的职工薪酬进行总分类核算;二级科目按职工薪酬的种类开设。

② 工资费用采用生产工时比例法分配。

③ 按8%计提职工教育经费。

④ 采用通用记账凭证格式。

(3)该企业2024年1月基本生产车间生产工时统计见表1-19。

表1-19 **生产工时统计表**

2024年1月 单位:小时

产品名称	生产工时
内齿轮	2 700
外齿轮	2 300
合计	5 000

(4)朝阳市钢铁有限公司2024年1月财务部门编制的工资结算汇总表见表1-20。

表1-20 **工资结算汇总表**

2024年1月 单位:元

部门		应付标准工资	奖金	津贴和补贴		加班加点工资	特殊情况下支付的工资		应付合计	代扣款项			实发工资
				岗位津贴	副食补贴		病假	探亲		医保	养老	小计	
基本生产车间	生产工人	63 200	13 000	2 600	14 000	3 000	2 400	250	98 450	1 200	3 200	4 400	94 050
	管理人员	15 000	3 500	—	300	—	250	—	19 050	100	640	740	18 310
供电车间	生产工人	27 600	5 760	2 400	600	1 440	520	125	38 445	400	2 100	2 500	35 945
	管理人员	7 900	2 200	—	400	—	320	—	10 820	120	420	540	10 280
维修车间	生产工人	7 450	800	400	2 000	120	45	—	10 815	40	160	200	10 615
	管理人员	3 250	1 800	900	1 000	180	140	—	7 270	450	850	1 300	5 970
行政管理部门		10 320	8 000	—	2 000	—	400	—	20 720	600	480	1 080	19 640
合计		134 720	35 060	6 300	20 300	4 740	4 075	375	205 570	2 910	7 850	10 760	194 810

2.实训需要真实的通用记账凭证6张,活页式生产成本明细账5张,活页式多栏明细账8张,凭证封皮1张。实训还需剪刀、直尺、胶水、印台、计算器、档案袋、装订线、装订机等工具。

（二）实训要求

1.根据工资结算汇总表编制工资费用分配表（参考格式见表1-21）。

2.编制职工教育经费分配表（参考格式见表1-22）。

3.根据有关原始凭证编制工资费用分配的记账凭证。

4.根据编制的记账凭证登记有关明细账簿。

5.编制科目汇总表并登记有关总账。

6.计算中间结果保留四位小数，最终结果保留两位小数。

7.有关自制原始凭证的参考格式见表1-21和表1-22（实训中所用到的记账凭证、账页的格式，请参见实际工作中所用的、真实的凭证与账页，这里从略）。

表1-21　**工资费用分配表**

2024年1月　　金额单位：元

分配对象		会计科目	直接计入	分配计入			合计
				生产工时	分配率	分配金额	
基本生产车间	内齿轮	生产成本					
	外齿轮	生产成本					
	小计						
	制造费用						
供电车间		生产成本					
维修车间		生产成本					
行政管理部门		管理费用					
合　计							

业务主管部门：　　审核：　　制表：

表1-22　**职工教育经费分配表**

2024年1月　　单位：元

分配对象		会计科目	工资总额	应提职工教育经费（8%）
基本生产车间	内齿轮	生产成本		
	外齿轮	生产成本		
	小计			
	制造费用			
供电车间		生产成本		
维修车间		生产成本		
行政管理部门		管理费用		
合计				

业务主管部门：　　审核：　　制表：

（三）实训组织方法及步骤

本实训安排在相关理论知识讲授完之后进行，在实训指导教师的指导下，由学生独立完成。学生以班级为单位统一到会计手工模拟实验室进行实训。实训前要求学生对相关知识进行预习，特别是要对基础会计中有关记账凭证的编制和账簿登记的规定进行复习。实训的具体步骤如下：

1.开设相关的总账和明细账。

2.根据工资结算汇总表编制工资费用分配表。

3.编制职工教育经费分配表。

4.根据本月发生的经济业务的原始凭证编制记账凭证，并将相关的原始凭证附在其后。

5.学生两人一组，互相对所填制的记账凭证进行审核。

6.根据审核无误的记账凭证登记有关明细账。

7.根据审核无误的记账凭证编制科目汇总表。

8.根据科目汇总表登记有关总账。

实训结束后学生应将完成的各种资料转入配发的档案袋中，上交实训指导教师。

本实训计划安排1个学时。

（四）实训参考答案

1.自制原始凭证见表1-23和表1-24：

表1-23　**工资费用分配表**

2024年1月　金额单位：元

<table>
<tr><th colspan="2" rowspan="2">分配对象</th><th rowspan="2">会计科目</th><th rowspan="2">直接计入</th><th colspan="3">分配计入</th><th rowspan="2">合计</th></tr>
<tr><th>生产工时</th><th>分配率</th><th>分配金额</th></tr>
<tr><td rowspan="4">基本生产车间</td><td>内齿轮</td><td>生产成本</td><td></td><td>2 700</td><td rowspan="2">19.69</td><td>53 163</td><td>53 163</td></tr>
<tr><td>外齿轮</td><td>生产成本</td><td></td><td>2 300</td><td>45 287</td><td>45 287</td></tr>
<tr><td colspan="2">小计</td><td></td><td>5 000</td><td>—</td><td>98 450</td><td>98 450</td></tr>
<tr><td colspan="2">制造费用</td><td>19 050</td><td></td><td></td><td></td><td>19 050</td></tr>
<tr><td colspan="2">供电车间</td><td>生产成本</td><td>49 265</td><td></td><td></td><td></td><td>49 265</td></tr>
<tr><td colspan="2">维修车间</td><td>生产成本</td><td>18 085</td><td></td><td></td><td></td><td>18 085</td></tr>
<tr><td colspan="2">行政管理部门</td><td>管理费用</td><td>20 720</td><td></td><td></td><td></td><td>20 720</td></tr>
<tr><td colspan="3">合　计</td><td>107 120</td><td></td><td></td><td>98 450</td><td>205 570</td></tr>
</table>

业务主管部门：　　　　审核：　　　　制表：

表1-24 **职工教育经费分配表**

2024年1月 单位：元

分配对象		会计科目	工资总额	应提职工教育经费（8%）
基本生产车间	内齿轮	生产成本	53 163	4 253.04
	外齿轮	生产成本	45 287	3 622.96
	小计		98 450	7 876
	制造费用		19 050	1 524
供电车间		生产成本	49 265	3 941.20
维修车间		生产成本	18 085	1 446.80
行政管理部门		管理费用	20 720	1 657.60
合计			205 570	16 445.60

业务主管部门： 审核： 制表：

2.会计分录：

（1）借：生产成本——基本生产成本（内齿轮） 53 163
——基本生产成本（外齿轮） 45 287
——辅助生产成本（供电车间） 49 265
——辅助生产成本（维修车间） 18 085
制造费用 19 050
管理费用 20 720
贷：应付职工薪酬——工资 205 570

（2）借：生产成本——基本生产成本（内齿轮） 4 253.04
——基本生产成本（外齿轮） 3 622.96
——辅助生产成本（供电车间） 3 941.20
——辅助生产成本（维修车间） 1 446.80
制造费用 1 524
管理费用 1 657.60
贷：应付职工薪酬——职工教育经费 16 445.60

实训三　外购动力的归集与分配实训

（一）实训所需条件

1.实训所需资料。

（1）企业基本情况。

朝阳市钢铁有限公司设有一个基本生产车间和两个辅助生产车间（供电车间和

维修车间）。基本生产车间常年生产内齿轮、外齿轮、锥形齿轮和扇形齿轮四种产品。辅助生产车间为基本生产车间以及企业其他部门提供电力和维修服务，该公司属于增值税一般纳税人。

（2）2024年1月份有关外购动力情况相关原始凭证。

①本月购买水电及用水、用电情况、同城委托收款凭证（付款通知）以及增值税专用发票，见表1-25至表1-30。

表1-25

各部门用电汇总表

2024年1月

单位：度

部门	生产产品用电	其他用电	合计
生产车间	15 860	1 500	17 360
维修车间	1 440	900	2 340
供电车间	1 600	700	2 300
行政管理部门		530	530
销售部门		470	470
合计	18 900	4 100	23 000
备注	每度电1.20元		

审核：　　　　　　　　制表：

表1-26

201041935　　**辽宁省增值税专用发票**　　№.4005012

（国家税务总局 辽宁省税务局）

开票日期：2024年1月2日

购买方	名称：朝阳市钢铁有限公司 纳税人识别号：370982310042173 地址、电话：朝阳市双塔路12号22621414 开户银行及账号：工行双塔营业部2403115438			密码区	8<109<373/*+43-+953*+*56>/ 7-6/+7274653850/*+1-85<0-6 491+92+7>6/4/<*743-/152*<+ 6>1/194>+31>46171*1*7>8/4/>*		
货物或应税劳务、服务名称	规格型号	单位	数量	单价	金额	税率	税额
电		度	23 000	1.20	27 600.00	13%	3 588.00
合计					¥27 600.00		¥3 588.00
价税合计（大写）：⊗叁万壹仟壹佰捌拾捌元整					小写：¥31 188.00		
销售方	名称：辽宁省电力有限责任公司 纳税人识别号：230103489103026 地址、电话：朝阳市南岗区99号0421-55618877 开户银行及账号：工行南岗分行03510108212272			备注	辽宁省电力有限责任公司 230103489103026 发票专用章		

第一联：记账联

收款人：　　　复核：李梦莹　　　开票人：朱小芳　　　销售方：（章）

表1-27

特约

同城委托收款凭证（付款通知）

№.186

开票日期：2024年1月2日

<table>
<tr><td>付款人</td><td>名　称：朝阳市钢铁有限公司
账　号：2403115438
开户行：工行双塔营业部
地　址：朝阳市双塔路12号</td><td>收款人</td><td colspan="2">名　称：辽宁省电力有限责任公司
账　号：03510108212272
开户行：工行南岗分行
地　址：朝阳市南岗区99号</td></tr>
<tr><td>委收金额</td><td colspan="2">人民币（大写）：⊗叁万壹仟壹佰捌拾捌元整</td><td colspan="2">亿 千 百 十 万 千 百 十 元 角 分
¥ 3 1 1 8 8 0 0</td></tr>
<tr><td>计费周期</td><td>每个月</td><td>协议（合同）号码</td><td colspan="2">2024第2号</td></tr>
<tr><td>款项内容</td><td>电费</td><td colspan="3">根据付款人的委托付款授权，上列款项已在付款人账户内支付。
中国工商银行股份有限公司 财务专用章
付款人开户银行盖章
2024年1月2日</td></tr>
</table>

此联是付款人开户银行给付款人的付账通知

单位主管：马　致　　会计：高　嵩　　复核：沈　艳　　记账：朱美芳

表1-28

各部门用水汇总表

2024年1月

单位：吨

部门	生产产品用电	其他用电	合计
生产车间	3 810	560	4 370
维修车间	760	370	1 130
供电车间	630	290	920
行政管理部门		900	900
销售部门		110	110
合计	5 200	2 230	7 430
备注	每吨水 2.80 元		

审核：　　　　制表：

表1-29

201041939

辽宁省增值税专用发票

（印章：全国统一发票监制章　国家税务总局　辽宁省税务局）

№.4005015

开票日期：2024年1月4日

购买方	名　　称：朝阳市钢铁有限公司 纳税人识别号：370982310042173 地 址 、电 话：朝阳市双塔路12号22621414 开户银行及账号：工行双塔营业部2403115438	密码区	8<109<373/*+43-+953*+*56>/ 7-6/+7274653850/*+1-85<0-6 491+92+7>6/4/<*743-/152*<+ 6>1/194>+31>46171*1232*<+

商品或劳务名称	规格型号	单位	数量	单价	金额	税率	税额
工业用水		吨	7 430	2.80	20 804.00	9%	1 872.36
合　计					¥20 804.00		¥1 872.36
价税合计（大写）：⊗贰万贰仟陆佰柒拾陆元叁角陆分						小写：¥22 676.36	

销售方	名　　称：辽宁省自来水有限责任公司 纳税人识别号：230103489102048 地 址 、电 话：朝阳市南岗区88号55616622 开户银行及账号：工行南岗办事处03510108258	备注	（印章：辽宁省自来水有限责任公司　230103489102048　发票专用章）

收款人：　　　复核：李　莹　　　开票人：朱大方　　　销售方：（章）

第一联　记账联

表1-30

特约

同城委托收款凭证（付款通知）

№.188

开票日期：2024年1月4日

付款人	名　称：朝阳市钢铁有限公司 账　号：2403115438 开户行：工行双塔营业部 地　址：朝阳市双塔路12号	收款人	名　称：辽宁省自来水有限责任公司 账　号：03510108258 开户行：工行南岗办事处 地　址：朝阳市南岗区88号

委收金额	人民币（大写）：⊗贰万贰仟陆佰柒拾陆元叁角陆分	亿	千	百	十	万	千	百	十	元	角	分
					¥	2	2	6	7	6	3	6

计费周期	每个月	协议（合同）号码	2024第6号
款项内容	水费	根据付款人的委托付款授权，上列款项已在付款人账户内支付。 付款人开户银行盖章 2024年1月4日 （印章：中国工商银行股份有限公司　财务专用章）	

单位主管：马　志　　　会计：丁　泉　　　复核：马　艳　　　记账：朱　芳

此联是付款人开户银行给付款人的付账通知

②本月生产工时统计见表1–31。

表1–31　**生产工时及生产完工产品数量统计表**

2024年1月

产品名称	生产工时（小时）	完工产品数量（件）
内齿轮	3 652	740
外齿轮	2 948	650
锥形齿轮	600	350
扇形齿轮	800	260
合计	8 000	2 000

审核：　　　　　　　　　　制表：

2. 实训需要真实的通用记账凭证4张，活页式生产成本明细账5张，活页式多栏明细账8张，凭证封皮1张。实训还需剪刀、直尺、胶水、印台、计算器、档案袋、装订线、装订机等工具。

（二）实训要求

1. 根据各部门用电汇总表、用水汇总表、付款通知单以及生产工时情况表，编写外购动力费用分配表（参考格式见表1–32）。

表1–32　**外购动力费用分配表**

2024年1月　　　　　　　　　　金额单位：元

应借科目				数量						合计金额
				电费			水费			
总账科目	一级明细科目	二级明细科目	成本费用项目	生产工时	分配率	金额	生产数量	分配率	金额	
生产成本	基本生产成本	内齿轮	水电费							
		外齿轮	水电费							
		锥形齿轮	水电费							
		扇形齿轮	水电费							
	小计									
	辅助生产成本	供电车间	水电费							
		维修车间	水电费							
	小计									
制造费用	生产车间		水电费							
	供电车间		水电费							
	维修车间		水电费							
	小计									
管理费用	水电费									
销售费用	水电费									
合计										

业务主管部门：　　　　　　审核：　　　　　　制表：

需要注意，生产用电需要按照生产工时在内齿轮、外齿轮、锥形齿轮和扇形齿轮之间进行分配，生产用水按照产品的生产数量在内齿轮、外齿轮、锥形齿轮和扇形齿轮之间进行分配。

2.根据外购动力分配表编写相关会计分录，因辅助生产车间为生产车间多种产品提供服务，故辅助生产车间不能归属于产品成本的其他支出通过“制造费用”账户归集与分配。

3.计算的中间结果保留四位小数，最终结果保留两位小数。

4.实训中所用到的记账凭证、账页的格式，请参见实际工作中所用的、真实的凭证与账页，这里从略。

（三）实训组织方法及步骤

本实训安排在相关理论知识讲授完之后进行，在实训指导教师的指导下，由学生独立完成。学生以班级为单位统一到会计手工模拟实验室进行实训。实训前要求学生对相关知识进行预习，特别是要对基础会计中有关记账凭证的编制和账簿登记的规定进行复习。实训的具体步骤如下：

1.开设相关的总账和明细账。

2.根据水电费汇总表等编制外购动力费用分配表。

3.根据本月发生的经济业务的原始凭证编制记账凭证，并将相关的原始凭证附在其后。

4.学生两人一组，互相对所填制的记账凭证进行审核。

5.根据审核无误的记账凭证登记有关明细账。

6.根据审核无误的记账凭证编制科目汇总表。

7.根据科目汇总表登记有关总账。

实训结束后学生应将完成的各种资料转入配发的档案袋中，上交实训指导教师。本实训计划安排1个学时。

（四）实训参考答案

1.自制原始凭证见表1-33：

2.会计分录：

借：生产成本——基本生产成本（内齿轮）	12 635.27
——基本生产成本（外齿轮）	10 480.39
——基本生产成本（锥形齿轮）	3 294.30
——基本生产成本（扇形齿轮）	3 290.04
——辅助生产成本（供电车间）	3 684
——辅助生产成本（维修车间）	3 856
制造费用	7 136
管理费用	3 156

借：销售费用　　872

　　应交税费——应交增值税（进项税额）　　5 460.36

　贷：银行存款　　53 864.36

表1-33

外购动力费用分配表

2024年1月

金额单位：元

应借科目				数量						合计金额
				电费			水费			
总账科目	一级明细科目	二级明细科目	成本费用项目	生产工时	分配率	金额	生产数量	分配率	金额	
生产成本	基本生产成本	内齿轮	水电费	3 652	2.3790	8 688.11	740	10.4020	3 947.16	12 635.27
		外齿轮	水电费	2 948		7 013.29	650		3 467.10	10 480.39
		锥形齿轮	水电费	600		1 427.40	350		1 866.90	3 294.30
		扇形齿轮	水电费	800		1 903.20	260		1 386.84	3 290.04
	小计			8 000	—	19 032	2000	—	10 668	29 700
	辅助生产成本	供电车间	水电费			1 920			1 764	3 684
		维修车间	水电费			1 728			2 128	3 856
	小计					3 648			3 892	7 540
制造费用	生产车间		水电费			1 800			1 568	3 368
	供电车间		水电费			840			812	1 652
	维修车间		水电费			1 080			1 036	2 116
	小计					3 720			3 416	7 136
管理费用	水电费					636			2 520	3 156
销售费用	水电费					564			308	872
合计						27 600			20 804	48 404

业务主管部门：　　审核：　　制表：

四、案例专栏

案例一　成本核算的基础工作

大学生王振华毕业后进入一家小型企业，并被分配到成本核算部门作为辅助成本会计。张斌负责成本核算相关工作。王振华进入公司1个月后发现：公司为了减少成本的支出，在成本管理和核算中采用了简化的处理，比如该企业并未制定材料消耗定额标准，而是将材料消耗定额标准按照实际领用数量进行核算，因而各月之间材料成本波动较大；发出材料时，对于不能核点数目的材料直接采用目测的方法估计发出的数量。

要求：如果你是王振华，针对上述发现的问题，你有哪些建议？

资料来源：万寿义，任月君，李日昱. 成本会计习题与案例［M］. 6版. 大连：东北财经大学出版社，2022.

展示内容1-1

案例提示

案例二　成本核算的基础工作

大学生葛玮2023年7月毕业后应聘到朝阳市钢铁有限公司当成本会计员。财务部成本科刘科长向葛玮介绍了公司的有关情况。朝阳市钢铁有限公司的基本情况如下：

1.产品情况

该公司主要生产大型重型机械，用于矿山等企业，是国内矿山机械的龙头企业。

2.车间设置情况

朝阳市钢铁有限公司设有6个基本生产车间，分别生产矿山机械的各种零部件以及零部件的组装；另外，还设有4个辅助生产车间，为基本生产车间及其他部门提供劳务。

3.成本核算的现状

该公司现有会计人员35人，其中成本核算会计人员7人（不包括各个生产车间的成本会计人员）。由于该公司规模较大，现在实行两级成本核算体制，厂部和车间分别设置有关的成本费用明细账进行核算。

刘科长让葛玮参与了半个月的企业成本核算，了解企业成本核算方面的要求、规章制度等，并提出了如下几个问题要求葛玮书面回答：

1.根据本厂的具体情况应采用什么核算体制（一级还是两级）？

2.车间和厂部应设置哪些成本会计核算的岗位？

3.车间和厂部应设置哪些成本总账和明细账？

4.成本费用应按什么程序进行归集和分配？

5.对企业现在成本核算模式提出进一步改进的意见。

展示内容1-2

案例提示

资料来源：万寿义，任月君，李日昱. 成本会计习题与案例［M］. 6版. 大连：东北财经大学出版社，2022.

案例三　通用汽车公司的道德标准

通用汽车公司的前董事长兼首席执行官罗杰·B.史密斯说道：“显而易见，道德实践是一件非常有意义的事情。”通用汽车公司自1977年以来，针对员工的个人诚信制定了一项政策。但他们发现做出合乎道德的决策并不总是很容易的。世界很复杂，对股东、客户、供应商、其他管理人员、社会、个人以及家庭所担负的义务经常会发生冲突。正如史密斯所说："正确的事做起来很容易，判断什么是正确的却很难。"通用汽车公司的员工工作的基本原则是："不做任何他们羞于向家庭启齿或羞于在当地报纸的头版头条刊登的事。"通用汽车公司不是唯一提倡道德行为的公司。美国半数以上的大公司都有自己的"共同行为准则"。这些准则对那些受到压力做出他们认为不道德的决策的员工给予支持，他们也在员工行为方面提供培训。

资料来源：亨格伦，桑顿，斯特尔顿．管理会计教程［M］．10版．许秉岩，史向东，译．北京：华夏出版社，1999.

要求：

展示内容1-3

案例提示

1.你认为会计人员应该具备哪些职业道德？

2.查阅《会计人员职业道德规范》（财会〔2023〕1号），回答什么是"三坚三守"。

3.你认为2023年1月出台的《会计人员职业道德规范》（以下简称《规范》）有何意义？对会计人员提出了哪些要求？

模块二　辅助生产费用的归集与分配实训

一、实训目的

通过对模拟企业的辅助生产费用进行归集和分配，了解辅助生产费用的内容和特点，掌握辅助生产费用归集和分配的方法及相应的账务处理。

本模块的思政目标为，帮助学生树立成本会计人员立足本职岗位，做好辅助生产费用的归集与分配等基础工作的理念，并将自身职业规划与企业发展、时代发展相结合，树立服务人民、服务群众的理想信念，培养学生工作严谨、脚踏实地的工作作风。

二、理论知识点

（一）辅助生产费用的内容

工业企业的生产按其生产职能可以划分为基本生产和辅助生产。基本生产是指主要产品的生产活动。辅助生产是指为保证基本生产经营正常进行而向基本生产车间、行政管理部门等部门提供产品或劳务的生产活动。

辅助生产费用的来源包括两个方面：一是辅助生产车间在提供产品或劳务过程中自身发生的各项费用，如直接材料、直接人工、制造费用等；二是耗用其他辅助生产车间的产品或劳务而从其他辅助生产车间分配来的费用。辅助生产费用按最终去向也分为两个方面：对于为基本生产车间服务的辅助生产，其发生的辅助生产费用，即辅助生产成本，是产品制造成本的组成部分，由各受益的车间、部门承担，在各种库存产成品、在产品和销售产品之间进行分配，对产品的成本水平有直接的影响；而为行政管理部门、销售部门服务的辅助生产，其发生的辅助生产费用应计入管理费用、销售费用等，从当期收入中一次性扣除。

（二）辅助生产费用的归集

辅助生产车间为生产产品或提供劳务而发生的各种费用，构成了这些产品或劳务的成本。为了核算辅助生产车间所发生的费用，计算所生产产品或劳务的成本，辅助生产车间应设置“生产成本——辅助生产成本”科目对辅助生产费用进行归集。在该科目下，应分车间按成本计算对象设置明细账，并在明细账中设置专栏进行核算。

“辅助生产成本明细账”的设置应根据各个辅助生产车间的具体情况而定。

1.辅助生产车间只生产一种产品或只提供一种劳务

只生产一种产品或只提供一种劳务的辅助生产车间，如供水、供电、供气、运输等车间，应按车间分别设置“辅助生产成本明细账”，在账内按规定的成本项目设置专栏，车间所发生的所有费用都登记在“辅助生产成本明细账”内。

2.辅助生产车间生产多种产品或提供多种劳务

生产多种产品或提供多种劳务的辅助生产车间，如工具、模型等车间，除了要按车间分别设置“辅助生产成本明细账”外，还应按所生产的各种产品或劳务，分别设置“产品成本计算单”，登记当月发生的直接材料、直接人工等直接成本项目的费用。其他费用可先在“制造费用——辅助生产车间”明细账中进行核算，月末，再采用适当的分配标准，分配记入各有关产品或劳务成本计算单中。辅助生产车间也应根据其生产类型的特点和管理的要求，采用适当的成本计算方法，计算其产品或劳务的成本。

（三）辅助生产费用的分配

辅助生产车间发生的各种费用计入成本、费用的方法是由辅助生产车间提供产品或劳务的性质以及它在生产中的作用决定的。

如果辅助生产车间是生产可入库产品的，如自制工具、自制材料等，在这些产品完工后，应将其成本从“生产成本——辅助生产成本”科目转到“原材料”或“周转材料——低值易耗品”科目。

如辅助生产车间生产不可入库产品，如提供电、水、气等，各辅助生产车间发生的各项费用在按车间设置的“辅助生产成本明细账”进行归集后，月末应按所提供的产品或劳务数量及全月发生费用总额计算单位成本（费用分配率），并按服务对象的耗用量（受益量）进行辅助生产费用的分配。在实际工作中，辅助生产费用的分配方法有直接分配法、一次交互分配法、计划成本分配法、代数分配法和顺序分配法。

1.直接分配法

直接分配法是指在分配辅助生产费用时，不考虑各辅助生产车间之间相互提供劳务的情况，而是将各辅助生产费用直接分配给辅助生产车间以外的各受益单位。计算公式如下：

$$\text{某辅助生产车间费用分配率}=\frac{\text{该辅助生产车间待分配费用总额}}{\text{该辅助生产车间提供给外部门的产品或劳务总量}} \tag{2.1}$$

某部门应分配的辅助生产费用=该部门耗用的产品或劳务数量×辅助生产车间费用分配率（2.2）

2.交互分配法

交互分配法也称一次交互分配法，是将辅助生产车间的费用分两次进行分配，即首先根据各辅助生产车间内部相互供应的产品或劳务数量和交互分配前的费用分配率（单位成本），进行一次交互分配；再将各辅助生产车间交互分配后的实际费用（即交互分配前的费用加上交互分配转入的费用，减去交互分配转出的费用）按对外提供的产品或劳务数量，在辅助生产车间以外各受益对象之间进行分配。其计算过程及公式如下：

第一步，将已归集的辅助生产费用在辅助生产车间内部进行交互分配。

$$\begin{matrix}\text{某辅助生产车间}\\\text{交互费用分配率}\end{matrix}=\frac{\text{该辅助生产车间待分配费用总额}}{\text{该辅助生产车间提供的产品或劳务总量}}\tag{2.3}$$

$$\begin{matrix}\text{某辅助生产车间负担的}\\\text{其他辅助生产车间费用}\end{matrix}=\begin{matrix}\text{该辅助生产车间耗用的}\\\text{产品或劳务数量}\end{matrix}\times\begin{matrix}\text{辅助生产车间}\\\text{交互费用分配率}\end{matrix}\tag{2.4}$$

第二步，将交互分配后的实际费用直接对外分配。

$$\begin{matrix}\text{某辅助生产车间交互}\\\text{分配后的实际费用}\end{matrix}=\begin{matrix}\text{该辅助生产车间交互}\\\text{分配前待分配费用总额}\end{matrix}+\begin{matrix}\text{交互分配}\\\text{转入费用}\end{matrix}-\begin{matrix}\text{交互分配}\\\text{转出费用}\end{matrix}\tag{2.5}$$

$$\begin{matrix}\text{某辅助生产车间}\\\text{对外费用分配率}\end{matrix}=\frac{\text{辅助生产车间交互分配后的实际费用}}{\text{该辅助生产车间提供给外部门的产品或劳务总量}}\tag{2.6}$$

$$\begin{matrix}\text{某部门应分配的}\\\text{辅助生产费用}\end{matrix}=\text{该部门耗用的产品或劳务数量}\times\text{辅助生产车间对外费用分配率}\tag{2.7}$$

3.代数分配法

代数分配法是运用代数中建立多元一次方程组的方法，计算出各辅助生产车间提供产品或劳务的单位成本，然后再按各车间、部门（包括辅助生产车间内部）耗用辅助生产车间产品或劳务的数量计算应分配的辅助生产费用的一种方法。

代数分配法下建立联立方程组时，应依据辅助生产车间之间相互提供产品或劳务的关系，以及各辅助生产车间归集的生产费用总额和提供的辅助产品或劳务总量，使其中每一个方程都应满足下列关系：

$$\begin{matrix}\text{某辅助生产车间}\\\text{提供的产品或}\\\text{劳务数量}\end{matrix}\times\begin{matrix}\text{该种产品}\\\text{或劳务的}\\\text{单位成本}\end{matrix}=\begin{matrix}\text{该辅助生产}\\\text{车间发生的}\\\text{一切生产费用}\end{matrix}+\sum\begin{matrix}\text{该辅助生产车间耗费的}\\\text{其他辅助生产车间生产的}\\\text{产品或劳务数量}\end{matrix}\times\begin{matrix}\text{该辅助生产车间}\\\text{产品或劳务的}\\\text{单位成本}\end{matrix}\tag{2.8}$$

4.计划成本分配法

计划成本分配法是先按照辅助生产车间提供的产品或劳务的数量和计划单位成本在各受益对象（包括辅助生产车间和外部各单位）之间分配辅助生产费用，然后再计算辅助生产车间实际发生的费用（包括辅助生产车间之间交互分配转入的费用在内）与按计划成本分配转出的费用的差额，即辅助生产的成本差异，对该差异再按一定的标准，分配给辅助生产车间以外的各受益对象。但有时为了简化分配工作，也可以将辅助生产成本差异全部计入管理费用，不再分配给各受益单位。

计划成本分配法，其内容也是进行两次分配。

第一步，按计划成本分配各部门应承担的辅助生产成本。

$$\text{某部门应分配的辅助生产费用}=\text{该部门耗用的产品或劳务数量}\times\text{辅助车间产品或劳务的计划单位成本} \tag{2.9}$$

第二步，调整分配成本差异。

调整分配成本差异即分配调整按计划成本计算的分配总额与各辅助生产车间实际发生的费用之间的差额，其中各辅助生产车间实际发生的费用是指按计划成本分配前已经归集的费用和按计划成本分配后从其他辅助生产车间转入的费用。计算公式如下：

$$\text{某辅助生产车间实际发生的辅助生产费用}=\text{按计划成本分配前已归集的辅助生产费用}+\text{按计划成本分配后从其他辅助生产车间转入的费用} \tag{2.10}$$

$$\text{某辅助生产车间分配的成本差异}=\text{该辅助生产车间实际发生的辅助生产费用}-\text{该辅助生产车间按计划成本分配转出的辅助成本费用} \tag{2.11}$$

一般对成本差异进行简化处理，即将全部成本差异分配计入“管理费用”。

以上几种方法的主要区别在于辅助生产车间之间相互提供产品或劳务是否要交互分配，若交互分配，对内对外分配率是否一致。从准确性上来讲，代数分配法最为准确。从实际应用的角度看，直接分配法、交互分配法和计划成本分配法运用得比较广泛。

三、实训内容

实训　辅助生产费用的归集与分配实训

（一）实训所需条件

1.实训所需资料。

（1）企业基本情况。

朝阳市钢铁有限公司是辽宁省朝阳市一家加工制造企业，现设有一个基本生产车间（主要生产内、外齿轮）和维修、供电两个辅助生产车间。辅助生产车间为基本生产车间以及企业其他部门提供服务。

（2）该企业成本核算的有关规定。

① 开设“生产成本”科目，对各生产车间发生的生产费用进行总分类核算；二级科目按“基本生产成本”和“辅助生产成本”开设；三级科目按车间或产品品种开设。由于各辅助生产车间只生产一种产品（或劳务），因此，各辅助生产车间发生的各项制造费用不通过“制造费用”科目核算。

② 采用通用记账凭证格式。

③ 企业采用科目汇总表账务处理程序。

（3）2024年1月，朝阳市钢铁有限公司辅助生产车间发生各种费用的原始凭证和资料见表2-1至表2-7。计划单位成本为供电车间每度电1.5元，维修车间每工时55元。

表2-1　**材料费用分配表**

2024年1月　单位：元

分配对象		成本项目	金额
基本生产车间	内齿轮	直接材料	57 408
	外齿轮	直接材料	224 604
	一般耗用		5 600
供电车间		材料费	4 400
维修车间		材料费	18 500
行政管理部门		材料费	2 200
合计			312 712

业务主管部门：　审核：　制表：

表2-2　**工资费用分配汇总表**

2024年1月　单位：元

分配对象		成本项目	金额
基本生产车间	内齿轮工人	直接人工	47 140
	外齿轮工人	直接人工	31 430
	车间管理人员	工资	16 650
供电车间		工资	7 760
维修车间		工资	8 820
行政管理部门		工资	34 600
合计			146 400

业务主管部门：　审核：　制表：

表2-3　**职工福利费分配表**

2024年1月　单位：元

分配对象		成本项目	工资总额	金额（占比10%）
基本生产车间	内齿轮工人	直接人工	47 140	4 714
	外齿轮工人	直接人工	31 430	3 143
	车间管理人员	工资	16 650	1 665
供电车间		工资	7 760	776
维修车间		工资	8 820	882
行政管理部门		工资	34 600	3 460
合计			146 400	14 640

业务主管部门：　审核：　制表：

表2-4 **固定资产折旧计算表**

2024年1月 金额单位：元

<table>
<tr><th colspan="2">使用部门</th><th>固定资产名称</th><th>原值</th><th>月折旧率（%）</th><th>月折旧额</th></tr>
<tr><td colspan="2" rowspan="2">基本生产车间</td><td>房屋建筑物</td><td>1 500 000</td><td>0.3</td><td>4 500</td></tr>
<tr><td>机器设备</td><td>1 000 000</td><td>0.6</td><td>6 000</td></tr>
<tr><td rowspan="4">辅助生产车间</td><td rowspan="2">供电车间</td><td>房屋建筑物</td><td>500 000</td><td>0.3</td><td>1 500</td></tr>
<tr><td>机器设备</td><td>300 000</td><td>0.6</td><td>1 800</td></tr>
<tr><td rowspan="2">维修车间</td><td>房屋建筑物</td><td>400 000</td><td>0.3</td><td>1 200</td></tr>
<tr><td>机器设备</td><td>200 000</td><td>0.6</td><td>1 200</td></tr>
<tr><td colspan="2" rowspan="2">行政管理部门</td><td>房屋建筑物</td><td>2 000 000</td><td>0.3</td><td>6 000</td></tr>
<tr><td>机器设备</td><td>100 000</td><td>0.6</td><td>600</td></tr>
<tr><td colspan="3">合计</td><td>—</td><td>—</td><td>22 800</td></tr>
</table>

业务主管部门： 审核： 制表：

表2-5 **办公费及其他费用汇总表**

2024年1月 单位：元

<table>
<tr><th colspan="2">分配对象</th><th>成本费用项目</th><th>金额</th></tr>
<tr><td colspan="2" rowspan="3">基本生产车间</td><td>办公费</td><td>3 000</td></tr>
<tr><td>其他</td><td>500</td></tr>
<tr><td>小计</td><td>3 500</td></tr>
<tr><td rowspan="6">辅助生产车间</td><td rowspan="3">供电车间</td><td>办公费</td><td>1 000</td></tr>
<tr><td>其他</td><td>200</td></tr>
<tr><td>小计</td><td>1 200</td></tr>
<tr><td rowspan="3">维修车间</td><td>办公费</td><td>1 800</td></tr>
<tr><td>其他</td><td>300</td></tr>
<tr><td>小计</td><td>2 100</td></tr>
<tr><td colspan="2" rowspan="3">行政管理部门</td><td>办公费</td><td>16 000</td></tr>
<tr><td>其他</td><td>2 000</td></tr>
<tr><td>小计</td><td>18 000</td></tr>
<tr><td colspan="3">合计</td><td>24 800</td></tr>
</table>

业务主管部门： 审核： 制表：

说明：假设办公费及其他费用均以银行存款支付。

表2-6

外购动力（水）费用分配表

2024年1月

分配对象		外购动力费用		
		耗用量（吨）	单价（元/吨）	金额（元）
基本生产车间	内齿轮	50	4.72	236
	外齿轮	35	4.72	165.20
	一般耗用	5	4.72	23.60
	小计	90	4.72	424.80
辅助生产车间	供电车间	—	—	—
	维修车间	20	4.72	94.40
行政管理部门		10	4.72	47.20
合计		120		566.40

业务主管部门：　　　　　　　　审核：　　　　　　　　制表：

表2-7

辅助生产车间提供产品（劳务）明细表

2024年1月

辅助生产车间 / 受益部门	供电车间（度）	维修车间（工时）
供电车间	—	50
维修车间	2 000	—
基本生产车间（一般耗用）	8 200	530
行政管理部门	800	60
合计	11 000	640

业务主管部门：　　　　　　　　审核：　　　　　　　　制表：

2.朝阳市钢铁有限公司2024年1月辅助生产费用核算中需要的会计账证包括通用记账凭证13张，活页式生产成本明细账5张，活页式多栏明细账1张，凭证封皮1张。实训还需剪刀、直尺、胶水、印台、计算器、档案袋、装订线、装订机等工具。

（二）实训要求

1.根据辅助生产车间2024年1月发生各项费用的原始凭证编制归集辅助生产费用的记账凭证。

2.分别采用直接分配法、交互分配法、计划成本分配法、代数分配法分配辅助生产车间的生产费用，将分配的结果编制辅助生产费用分配表，辅助生产费用分配表参考格式见表2-8至表2-11。生产车间分配的辅助生产费用均作为一般消耗。

3.以辅助生产费用分配表作为原始凭证编制分配辅助生产费用的记账凭证。

4.将以上编制的记账凭证登记有关总账和明细账。

5.实训中涉及的所有表格和凭证中的金额均以元为单位。

6.计算的中间结果保留四位小数，最终结果保留两位小数。

表2-8　**辅助生产费用分配表（直接分配法）**

2024年1月　金额单位：元

辅助生产车间	待分配费用	分配数量	分配率	分配额			
				基本生产车间		行政管理部门	
				数量	金额	数量	金额
供电车间							
维修车间							
合计							

业务主管部门：　审核：　制表：

表2-9　**辅助生产费用分配表（交互分配法）**

2024年1月　金额单位：元

分配方向			交互分配			对外分配		
辅助生产车间名称			供电	维修	合计	供电	维修	合计
待分配费用								
产品（劳务）供应数量								
分配率								
辅助生产车间	供电车间	耗用数量						
		分配金额						
	维修车间	耗用数量						
		分配金额						
基本生产车间		耗用数量						
		分配金额						
行政管理部门		耗用数量						
		分配金额						

业务主管部门：　审核：　制表：

表2-10　　**辅助生产费用分配表（代数分配法）**

2024年1月　　金额单位：元

部　门	单位成本	使用车间和部门								合计	
		供电车间		维修车间		基本生产车间		行政管理部门			
		数量	金额	数量	金额	数量	金额	数量	金额	数量	金额
供电车间											
维修车间											
合计											

业务主管部门：　　审核：　　制表：

表2-11　　**辅助生产费用分配表（计划成本分配法）**

2024年1月　　金额单位：元

辅助生产车间名称		供电车间	维修车间	合计
待分配辅助生产费用				
产品（劳务）总量				
计划单位成本				
供电车间	耗用数量			
	分配金额			
维修车间	耗用数量			
	分配金额			
基本生产车间	耗用数量			
	分配金额			
行政管理部门	耗用数量			
	分配金额			
按计划成本分配金额合计				
原待分配费用				
分配转入费用				
辅助生产车间实际费用合计				
实际费用与计划费用差额				

业务主管部门：　　审核：　　制表：

（三）实训组织方法及步骤

本实训可以与《成本会计》课程相互结合进行。在完成相关理论知识学习后，可进行本实训。实训地点需要选择会计实训室，因为我们的实训手段是手工记账，一些工具，比如装订机、印台、计算器、胶水、剪刀等需要在实验室中取得和使用。需要说明的是，成本会计实训的手段也可以采用计算机软件进行，比如各种财务软件、Excel等。

本实训的步骤如下：

1.根据辅助生产车间本月发生的各项费用的原始凭证编制记账凭证，完成辅助生产费用的归集。

2.根据审核无误的记账凭证登记各辅助生产费用明细账并计算出各辅助生产车间所发生的直接费用。

3.分别采用直接分配法、交互分配法、计划成本分配法、代数分配法分配辅助生产车间的生产费用，并将分配结果填入对应的分配表。

4.根据辅助生产费用分配表编制记账凭证。

5.审核上述记账凭证，并登记有关明细账。

6.根据审核无误的记账凭证编制科目汇总表。

7.根据科目汇总表登记有关总账。

本实训计划安排2个学时。

（四）实训参考答案

1.归集辅助生产费用的会计分录及据此编制的记账凭证如下：

（1）分配材料费用。

借：生产成本——基本生产车间（内齿轮）	57 408	
——基本生产车间（外齿轮）	224 604	
——辅助生产车间（供电车间）	4 400	
——辅助生产车间（维修车间）	18 500	
制造费用	5 600	
管理费用	2 200	
贷：原材料		312 712

（2）分配工资费用。

借：生产成本——基本生产车间（内齿轮）	47 140	
——基本生产车间（外齿轮）	31 430	
——辅助生产车间（供电车间）	7 760	
——辅助生产车间（维修车间）	8 820	
制造费用	16 650	
管理费用	34 600	
贷：应付职工薪酬——工资		146 400

（3）分配职工福利费。

借：生产成本——基本生产车间（内齿轮）　4 714

——基本生产车间（外齿轮）　3 143

——辅助生产车间（供电车间）　776

——辅助生产车间（维修车间）　882

制造费用　1 665

管理费用　3 460

贷：应付职工薪酬——福利费　14 640

（4）计提折旧费用。

借：制造费用　10 500

生产成本——辅助生产车间（供电车间）　3 300

——辅助生产车间（维修车间）　2 400

管理费用　6 600

贷：累计折旧　22 800

（5）办公费用及其他费用。

借：制造费用　3 500

生产成本——辅助生产车间（供电车间）　1 200

——辅助生产车间（维修车间）　2 100

管理费用　18 000

贷：银行存款　24 800

（6）外购动力（水）费用。

借：生产成本——基本生产车间（内齿轮）　236

——基本生产车间（外齿轮）　165.20

制造费用　23.60

生产成本——辅助生产车间（维修车间）　94.40

管理费用　47.20

贷：银行存款　566.40

2.自制原始凭证“辅助生产费用分配表”的填制及记账凭证的编制。

（1）辅助生产费用分配表（直接分配法），见表2-12。

表2-12　**辅助生产费用分配表（直接分配法）**

2024年1月　金额单位：元

辅助生产车间	待分配费用	分配数量	分配率	分配额			
				基本生产车间		行政管理部门	
				数量	金额	数量	金额
供电车间	17 436	9 000	1.9373	8 200	15 885.86	800	1 550.14
维修车间	32 796.40	590	55.5871	530	29 461.16	60	3 335.24
合计	50 232.40				45 347.02		4 885.38

业务主管部门：　审核：　制表：

借：制造费用　　45 347.02

　　管理费用　　4 885.38

　贷：生产成本——辅助生产车间（供电车间）　　17 436

　　　　　　　——辅助生产车间（维修车间）　　32 796.40

（2）辅助生产费用分配表（交互分配法），见表2-13。

表2-13　　**辅助生产费用分配表（交互分配法）**

2024年1月　　金额单位：元

分配方向			交互分配			对外分配		
辅助生产车间名称			供电	维修	合计	供电	维修	合计
待分配费用			17 436	32 796.40	50 232.40	16 828.02	33 404.38	50 232.40
产品（劳务）供应数量			11 000	640		9 000	590	
分配率			1.5851	51.2444		1.8698	56.6176	
辅助生产车间	供电车间	耗用数量		50				
		分配金额		2 562.22				
	维修车间	耗用数量	2 000					
		分配金额	3 170.20					
基本生产车间		耗用数量				8 200	530	
		分配金额				15 332.36	30 007.33	45 339.69
行政管理部门		耗用数量				800	60	
		分配金额				1 495.66	3 397.05	4 892.71

业务主管部门：　　审核：　　制表：

借：生产成本——辅助生产成本（供电车间）　　2 562.22

　　　　　　——辅助生产成本（维修车间）　　3 170.20

　贷：生产成本——辅助生产成本（维修车间）　　2 562.22

　　　　　　　——辅助生产成本（供电车间）　　3 170.20

借：制造费用　　45 339.69

　　管理费用　　4 892.71

　贷：生产成本——辅助生产成本（供电车间）　　16 828.02

　　　　　　　——辅助生产成本（维修车间）　　33 404.38

（3）辅助生产费用分配表（代数分配法），见表2-14。

设供电车间每度电的成本为X元，维修车间每工时成本为Y元，则建立如下二元一次方程组：

$$\begin{cases} 11\,000X = 17\,436 + 50Y & ① \\ 640Y = 32\,796.4 + 2\,000X & ② \end{cases}$$

解得：

$$\begin{cases} X = 1.84421613832 \\ Y = 57.00755043 \end{cases}$$

表2-14　　**辅助生产费用分配表（代数分配法）**

2024年1月　　金额单位：元

部门	单位成本	使用车间和部门								合计	
		供电车间		维修车间		基本生产车间		行政管理部门			
		数量	金额	数量	金额	数量	金额	数量	金额	数量	金额
供电车间	1.8442			2 000	3 688.40	8 200	15 122.44	800	1 475.54*	11 000	20 286.38
维修车间	57.0076	50	2 850.38			530	30 214.03	60	3 420.39*	640	36 484.80
合计	—	—	2 850.38	—	3 688.40	—	45 336.47		4 895.93	—	56 771.18

业务主管部门：　　审核：　　制表：

说明：带*数字为调整额。

借：生产成本——辅助生产成本（供电车间）　2 850.38
　　　　　——辅助生产成本（维修车间）　3 688.40
　制造费用　45 336.47
　管理费用　4 895.93
　贷：生产成本——辅助生产成本（供电车间）　20 286.38
　　　　　　——辅助生产成本（维修车间）　36 484.80

（4）辅助生产费用分配表（计划成本分配法），见表2-15。

表2-15　　**辅助生产费用分配表（计划成本分配法）**

2024年1月　　金额单位：元

辅助生产车间名称		供电车间	维修车间	合计
待分配辅助生产费用		17 436	32 796.40	50 232.40
产品（劳务）总量		11 000	640	
计划单位成本		1.5元/度	55元/工时	
供电车间	耗用数量		50	
	分配金额		2 750	2 750
维修车间	耗用数量	2 000		
	分配金额	3 000		3 000
基本生产车间	耗用数量	8 200	530	
	分配金额	12 300	29 150	41 450

续表

辅助生产车间名称		供电车间	维修车间	合计
行政管理部门	耗用数量	800	60	
	分配金额	1 200	3 300	4 500
按计划成本分配金额合计		16 500	35 200	51 700
原待分配费用		17 436	32 796.40	50 232.40
分配转入费用		2 750	3 000	
辅助生产车间实际费用合计		20 186	35 796.40	
实际费用与计划费用差额		3 686	596.40	4 282.40

业务主管部门：　　　　　　审核：　　　　　　制表：

借：生产成本——辅助生产成本（供电车间）　　2 750
　　　　　　——辅助生产成本（维修车间）　　3 000
　　制造费用　　41 450
　　管理费用　　4 500
　贷：生产成本——辅助生产成本（供电车间）　　16 500
　　　　　　　——辅助生产成本（维修车间）　　35 200

借：管理费用　　4 282.40
　贷：生产成本——辅助生产成本（供电车间）　　3 686
　　　　　　　——辅助生产成本（维修车间）　　596.40

3.登记的“生产成本——辅助生产成本”明细账（只以直接分配法为例，其他账簿的登记略），见表2-16、表2-17。

表2-16　**辅助生产成本明细账**

生产车间：供电车间

2024年		凭证	摘 要	成本项目			
月	日			直接材料	直接人工	其他	合计
1	1	略	期初余额				0
1	31		直接材料	4 400			4 400
1	31		工资费用		7 760		12 160
1	31		职工福利费		776		12 936
1	31		折旧费			3 300	16 236
1	31		办公及其他费用			1 200	17 436
1	31		待分配费用合计	4 400	8 536	4 500	17 436
1	31		结转辅助生产成本	4 400	8 536	4 500	17 436
1	31		月末余额				0

表2-17 **辅助生产成本明细账**

生产车间：维修车间

2024年		凭证	摘 要	成本项目			
月	日			直接材料	直接人工	其他	合计
1	1	略	期初余额				0
1	31		直接材料	18 500			18 500
1	31		工资费用		8 820		27 320
1	31		职工福利费		882		28 202
1	31		折旧费			2 400	30 602
1	31		办公及其他费用			2 100	32 702
1	31		外购水费			94.40	32 796.40
1	31		待分配费用合计	18 500	9 702	4 594.40	32 796.40
1	31		结转辅助生产成本	18 500	9 702	4 594.40	32 796.40
1	31		月末余额				0

四、案例专栏

案例一 华鑫酒店的成本核算

华鑫酒店将酒店的业务分为客房、餐饮和商务三类，并对三类业务的业绩进行分析。这三类业务在2024年1月发生的相关费用见表2-18。

表2-18 **相关费用表** 单位：元

成本项目	客房	餐饮	商务
餐饮		479 404	
员工	192 434	382 246	95 782
其他	49 524	35 308	30 674
直接成本合计	241 958	896 958	126 456

酒店共有79间客房，每间客房每晚平均收费228元。在一年365天的期间内平均入住率为61%。该期间内，酒店共出售了38 760份餐食，每份平均收费21.60元。该期间内的酒吧营业额共计365 144元。华鑫酒店希望酒店餐饮部的毛利率（只计算直接成本）能达到30%的水平。该期间内酒店的商务收入为586 200元。

酒店共有两个辅助性部门，即行政部和一般服务部。在该期间内这两个部门发生的成本如下：行政部334 510元；一般服务部310 216元。

此外，2024年1月，酒店入住成本（包括房租、水电、保险、一般折旧等）总额为1 752 460元。入住成本按相关类别比例、所占面积比例分配计算如下：

客房75%；餐饮9%；商务13%；行政2%；一般服务1%。

两个辅助部门的成本分配比例如下：

行政部提供业务：客房耗用30%，餐饮耗用30%，商务耗用30%，一般服务部耗用10%；

一般服务部提供业务：客房耗用60%，餐饮耗用14%，商务耗用23%，行政部耗用3%。

要求：

1.请计算该365天期间分摊到三个业务类别的辅助费用金额（交互分配）；

2.请计算每个业务类别的业绩和毛利率（只计算直接成本）；

3.试评论每个业务类别的业绩表现。

展示内容2-1

案例提示

资料来源：耿慧敏，毕克如．成本会计［M］．北京：财政经济出版社，2016.

案例二　辅助生产费用分配方法的选择

李金禧2023年7月从财经大学商学院财务管理专业毕业，在招聘会上被杭州船用设备制造有限公司录用为成本会计员。该公司新增加了供汽车间这个辅助生产车间，其生产的蒸汽主要供第一、第二、供电、修理等车间使用，生产蒸汽使用的燃料是原煤。杭州船用设备制造有限公司原有供电和修理两个辅助生产车间。2024年1月，供汽车间共发生费用800 000元，供电车间共发生费用1 200 000元，修理车间共发生费用900 000元，各辅助生产车间提供的劳务及耗用单位见表2-19。

表2-19　　辅助生产车间提供劳务情况表

耗用劳务单位		供汽车间（m^3）	供电车间（千瓦时）	修理车间（小时）
供汽车间		—	10 000	12 000
供电车间		20 000	—	4 000
修理车间		5 000	25 000	—
第一车间	产品耗用	30 000	50 000	68 000
	一般耗用	4 000	26 000	2 000
第二车间	产品耗用	1 000	60 000	13 000
	一般耗用	1 500	18 000	9 000
行政管理部门		2 000	17 000	7 000
设备自建工程		1 500	14 000	5 000
合计		65 000	220 000	120 000

要求：财务部领导向李金禧提出了如下几个方面的问题要求其解答：

1.原来企业采用直接分配法分配辅助生产费用，这种分配方法是否合适？有什么优缺点？

展示内容2-2

案例提示

2.新增加了一个辅助生产车间是否需要对辅助生产费用分配方法进行改变？

3.若需要改变辅助生产费用分配方法，采用什么方法比较合适？请提供几种方案供领导决策时选择。

资料来源：万寿义，任月君，李日昱. 成本会计习题与案例［M］. 6版. 大连：东北财经大学出版社，2022.

模块三　制造费用的归集与分配实训

一、实训目的

通过对模拟企业的制造费用进行归集和分配，了解制造费用的内容和特点，掌握制造费用归集和分配的基本原理与方法，掌握制造费用归集和分配的账务处理流程。

本模块的思政目标为，帮助学生树立成本会计人员立足本职岗位，做好制造费用的归集与分配等基础工作的理念，培养学生应有的职业谨慎态度、爱岗敬业的职业态度。通过小组合作，培养学生团队合作意识、沟通协作能力。

二、理论知识点

（一）制造费用的内容

制造费用是指企业为生产产品或提供劳务而发生的，应计入产品成本但不专设成本项目的各项费用。

1.制造费用大部分是间接用于产品生产的费用，包括车间机物料消耗、生产车间的折旧费、修理费、保险费、租赁费、车间用水电费、取暖费以及劳动保护费，以及季节性停工和生产用固定资产修理期间的停工损失等。

2.制造费用还包括车间用于组织和管理生产的费用。如生产车间管理人员的工资及社会保险费用、住房公积金、工会经费、职工教育经费，车间管理用房屋和设备的折旧费、修理费、租赁费、保险费、车间管理用具摊销、车间管理用的照明费、水费、取暖费、差旅费、办公费、电话费等。

（二）制造费用的归集

制造费用的归集是通过“制造费用”科目进行的，该科目按不同的车间设立明细账。账内按费用项目设立专栏。在设置专栏时，通常将性质相同的费用合并设立相应的费用项目。例如，将生产工具和管理用具的摊销合并设立“低值易耗品摊销”项目，将车间管理人员工资以及按工资总额提取的工会经费、职工教育经费等合并设立“职工薪酬”项目，将车间用于生产的房屋、机器设备折旧费与用于车间管理的设备的折旧费等合并设立“折旧费”项目。

“制造费用”科目的借方登记各项制造费用的实际发生额，期末按一定的方法分配计入有关的成本对象时记入贷方，期末一般无余额。

（三）制造费用的分配

制造费用归集后，应于月末将其分配给受益对象。若基本生产车间（或辅助生产车间）只生产一种产品，其制造费用可以直接计入该种产品成本；若基本生产车间（或辅助生产车间）生产多种产品，其制造费用应采用适当的方法分配计入各种产品成本。可以采用以下三种方法分配制造费用：

1.实际标准分配法

实际标准分配法即以工作中产品实际数据为分配标准分配制造费用的方法。这些实际数据可以采用生产工人工时比例、生产工人工资比例、机器工时比例、直接材料成本比例等方式进行分配。因为这种方法资料获取和核算都较简单，在实际工作中运用广泛。相关公式为：

$$\text{制造费用分配率}=\frac{\text{制造费用总额}}{\sum\text{产品某种分配标准}} \tag{3.1}$$

$$\text{某产品分配的制造费用金额}=\text{该产品的分配标准}\times\text{制造费用分配率} \tag{3.2}$$

2.计划（预算）标准分配法

计划（预算）标准分配法是按照年度开始前预先确定的全年度内适用的计划分配率分配制造费用的方法。预算分配额与实际发生费用额之间的差额，平时留在“制造费用”科目中，因此1—12月月末，“制造费用”科目可能有余额。年末，再按照各种产品已分配数的比例计入12月份产品成本中。计算公式为：

$$\text{制造费用计划（预算）分配率}=\frac{\text{年度制造费用预算总额}}{\sum\text{年度计划业务量(定额工时或定额工资成本等)}} \tag{3.3}$$

$$\text{某产品某月分配的制造费用金额}=\text{该产品某月实际业务量}\times\text{制造费用计划（预算）分配率} \tag{3.4}$$

$$\begin{matrix}\text{实际与按预算（计划）}\\\text{分配率分配的制造费用的差额}\end{matrix}=\begin{matrix}\text{实际发生的}\\\text{制造费用}\end{matrix}-\begin{matrix}\text{按计划（预算）}\\\text{分配率分配的制造费用}\end{matrix} \tag{3.5}$$

$$\text{差异额分配率}=\frac{\text{实际与按预算(计划)分配率分配的制造费用的差额}}{\text{按计划(预算)分配率分配的制造费用}} \tag{3.6}$$

$$\text{某产品应分配的差异额}=\text{该产品按计划（预算）分配率分配的制造费用}\times\text{差异额分配率} \tag{3.7}$$

3.累计分配率分配法

累计分配率分配法是在产品完工时一次性分配其应负担的全部制造费用，至于未完工产品则暂不分配，其负担的费用保留在“制造费用”科目，待完工后再一次性分配的方法。累计分配法中的分配标准可采用上述任何一种。计算公式为：

$$\text{制造费用累计分配率}=\frac{\text{制造费用期初余额}+\text{制造费用本月发生额}}{\sum\text{各种产品累计分配标准}} \tag{3.8}$$

完工产品应分配的制造费用=完工产品的累计分配标准×制造费用累计分配率　　(3.9)

三、实训内容

实训　制造费用的归集与分配实训

(一) 实训所需条件

1.实训所需资料。

(1) 企业基本情况。

朝阳市钢铁有限公司是辽宁省朝阳市一家加工制造企业，现设有一个基本生产车间（生产内、外齿龄）和维修、供电两个辅助生产车间。辅助生产车间为基本生产车间以及企业其他部门提供服务。

(2) 经济业务及成本核算基本规定。

① 开设“生产成本”科目，对各生产车间发生的生产费用进行总分类核算。

② “制造费用”总分类账户核算基本生产车间发生的制造费用，账内按费用项目设立专栏，制造费用明细账采用多栏式明细账格式。

③ 制造费用的分配方法采用生产工时比例法。

④ 采用通用记账凭证格式。

⑤ 企业的账务处理程序采用科目汇总表账务处理程序。

(3) 2024年2月，基本生产车间生产内齿轮4 200件、生产工时为2 200小时，生产外齿轮5 800件、生产工时为2 800小时。

(4) 朝阳市钢铁有限公司2024年2月发生各种费用的原始凭证和资料见表3-1至表3-11。

表3-1　**原材料（铁粉1号）费用分配表**

2024年2月28日　　单位：元

分配对象		成本项目	金额
基本生产车间	内齿轮	直接材料	186 000
	外齿轮	直接材料	150 000
维修车间		材料费	20 000
供电车间		材料费	120 000
行政管理部门		材料费	1 500
销售部门		材料费	2 000
合计			479 500

表3-2

工资费用分配汇总表

2024年2月28日

单位：元

分配对象		成本项目	金额
基本生产车间	内齿轮	直接人工	28 000
	外齿轮	直接人工	22 000
维修车间		工资	12 000
供电车间		工资	18 000
行政管理部门		工资	12 500
销售部门		工资	8 500
合计			101 000

表3-3

职工福利费分配表

2024年2月28日

单位：元

分配对象		成本项目	分配金额
基本生产车间	内齿轮	直接人工	2 800
	外齿轮	直接人工	2 200
维修车间		工资	1 200
供电车间		工资	1 800
行政管理部门		工资	1 250
销售部门		工资	850
合计			10 100

表3-4

固定资产折旧计算表

2024年2月28日

金额单位：元

使用部门		固定资产名称	原值	月折旧率（%）	月折旧额
基本生产车间		房屋建筑物	800 000	0.3	2 400
		机器设备	600 000	0.6	3 600
辅助生产车间	供电车间	房屋建筑物	900 000	0.3	2 700
		机器设备	200 000	0.6	1 200
	维修车间	房屋建筑物	580 000	0.3	1 740
		机器设备	260 000	0.6	1 560
行政管理部门		房屋建筑物	300 000	0.3	900
		机器设备	18 000	0.6	108
合计			3 658 000		14 208

表3-5　**以银行存款支付的办公费用和其他费用分配表**

2024年2月28日　单位：元

分配对象		成本费用项目	金额
基本生产车间		办公费	3 500
		其他	800
		小计	4 300
辅助生产车间	供电车间	办公费	2 000
		其他	500
		小计	2 500
	维修车间	办公费	2 100
		其他	610
		小计	2 710
行政管理部门		办公费	5 000
		其他	1 800
		小计	6 800
合计			16 310

表3-6　**外购动力（水）费用分配表**

2024年2月28日

分配对象		外购动力费用		
		耗用量（吨）	单价（元/吨）	金额（元）
基本生产车间	内齿轮	12 400	0.4	4 960
	外齿轮	34 500	0.4	13 800
	小计	46 900		18 760
辅助生产车间	维修车间	2 400	0.4	960
	供电车间	—	—	—
行政管理部门		1 280	0.4	512
销售部门		1 450	0.4	580
合计		52 030		20 812

表3-7　　**辅助生产车间提供的产品（劳务）明细表**

2024年2月28日

受益部门 ＼ 辅助生产车间	维修车间（工时）	供电车间（度）
供电车间	3 000	—
维修车间	—	25 000
基本生产车间	20 000	65 000
行政管理部门	4 000	20 000
销售部门	6 000	15 000
合计	33 000	125 000

表3-8　　**辅助生产费用分配表（直接分配法）**

2024年2月28日　　金额单位：元

辅助生产车间	待分配费用	分配数量	分配率	分配额					
				基本生产车间		行政管理部门		销售部门	
				数量	金额	数量	金额	数量	金额
维修车间									
供电车间									
合计									

表3-9

101041209　　**辽宁省增值税专用发票**　　№.4005012

（监制章：国家税务总局 辽宁省税务局）

开票日期：2024年2月6日

购买方	名　　　称：朝阳市钢铁有限公司 纳税人识别号：370982310012173 地 址 、电 话：朝阳市双塔路12号22621414 开户银行及账号：工行双塔营业部2403115438	密码区	8<109<373/*+43-+953*+*56>/ 7 6/+72716538 50/*+1 85<0 6 491+92+7>6/4/<*743-/152*<+ 6>1/194>+31>46171*1*8<3/<*7

货物或应税劳务、服务名称	规格型号	单位	数量	单价	金额	税率	税额
劳保用品手套		套	100	5.60	560.00	13%	72.80
合　计					¥560.00		¥72.80
价税合计（大写）：⊗陆佰叁拾贰元捌角整					小写：¥632.80		

销售方	名　　　称：华光劳保用品有限责任公司 纳税人识别号：230103489103026 地 址 、电 话：大连市南岗区99号0411-556177 开户银行及账号：工行南岗办事处035101082172	备注	（印章：华光劳保用品有限责任公司 230103489103026 发票专用章）

第一联 记账联

收款人：　　复核：孙佳　　开票人：陈红　　销售方：（章）

因购买劳保用手套金额不大，故该款项用库存现金支付。

表3-10　　　　　　　　　　　　**差 旅 费 报 销 单**

部门：生产车间　　　　　　　　　2024年2月18日

姓名		姚大海				出差事由		生产工艺培训会			自2024年2月15日 至2024年2月16日				共2天	
起讫时间及地点						车船票		夜间乘车补助费			出差乘补费			住宿费	其他	
月	日	起	月	日	讫	类别	金额	时间	标准	金额	日数	标准	金额	金额	摘要	金额
2	15	朝阳	2	15	济南	高铁	220.00									
2	16	济南	2	16	朝阳	高铁	220.00				2	180.00	360.00	1 440.00		
小计							440.00						360.00	1 440.00		
合计金额（大写）：贰仟贰佰肆拾元整																
备注：预借3 000.00　　核销2 240.00　　退补760.00																

附单据共3张

单位领导：周燕红　　财务主管：张伟成　　审核：孙佳　　填报人：姚大海

表3-11　　　　　　　　　　**统一收款收据（三联单）**

2024年2月18日　　　　　　　　　　NO.785632491

交款单位或交款人	姚大海	收款方式	现金
事 由 报销差旅费、交回余款　（现金收讫） 人民币（大写）⊗柒佰陆拾元整　　¥760.00			备注： 核销预借3 000.00元 退回现金760.00元

第三联　记账依据

收款单位盖章　　主管：张伟成　　会计：李佳　　出纳：薛姗姗

2.实训需要真实的通用记账凭证14张，活页式生产成本明细账4张，活页式多栏明细账1张，数量金额式明细账1张，三栏式明细账4张，凭证封皮1张。实训还需剪刀、直尺、胶水、印台、计算器、档案袋、装订线、装订机等工具。

（二）实训要求

1.根据原始凭证编制相关记账凭证。

2.登记“制造费用”明细账。

3.按照生产工时比例法分配2月份的“制造费用”。

4.编制分配“制造费用”的记账凭证。

5.将以上编制的记账凭证登记有关的总账和明细账。

6.实训中涉及的所有表格和凭证中的金额均以元为单位。

7.计算的中间结果保留四位小数，最终结果保留两位小数。

8.归集并分配辅助生产车间发生的费用，要求采用直接分配法分配辅助生产车间费用，格式见表3-12。

表3-12 **辅助生产费用分配表（直接分配法）**

2024年2月 金额单位：元

辅助生产车间	待分配费用	分配数量	分配率	分配额					
				基本生产车间		行政管理部门		销售部门	
				数量	金额	数量	金额	数量	金额
维修车间									
供电车间									
合计		—	—	—		—		—	

9.有关自制原始凭证的参考格式见表3-13（实训中所用到的记账凭证、账页的格式，请参见实际工作中所用的、真实的凭证与账页，这里从略）。

表3-13 **制造费用分配表**

2024年2月 金额单位：元

分配对象	分配标准（生产工时）	分配率	金额
内齿轮		—	
外齿轮		—	
合计			

（三）实训组织方法及步骤

本模块实训可以与《成本会计》课程相互结合进行。在完成相关理论知识学习后，可进行本实训。实训地点需要选择会计实训室，手工记账所需工具如装订机、印台、计算器、胶水、剪刀等需要在实验室中取得和使用。需要说明的是，成本会计实训的手段也可以采用计算机软件进行，比如各种财务软件、Excel等。

本实训的具体步骤如下：

1.开设相关的总账和明细账。

2.根据基本生产车间本月发生的各项费用的原始凭证编制记账凭证并将相关的原始凭证附在其后。

3.学生两人一组，互相对所填制的记账凭证进行审核。

4.根据审核无误的记账凭证登记“制造费用”明细账。

5.将制造费用进行分配，编制制造费用分配表。

6.根据制造费用分配表编制制造费用分配的记账凭证并将制造费用分配表附在其后。

7.学生两人一组，互相对所填制的记账凭证进行审核。

8.根据审核无误的记账凭证登记有关明细账。

9.根据审核无误的记账凭证编制科目汇总表。

10.根据科目汇总表登记有关总账。

实训结束后学生应将完成的各种资料转入配发的档案袋中，上交实训指导教师。

本实训计划安排1个学时。

（四）实训参考答案

1.自制原始凭证的填制见表3-14、表3-15。

表3-14　**辅助生产费用分配表（直接分配法）**

2024年2月　金额单位：元

辅助生产车间	待分配费用	分配数量	分配率	分配额					
				基本生产车间		行政管理部门		销售部门	
				数量	金额	数量	金额	数量	金额
维修车间	40 170	30 000	1.3390	20 000	26 780	4 000	5 356	6 000	8 034
供电车间	146 200	100 000	1.4620	65 000	95 030	20 000	29 240	15 000	21 930
合计	186 370	—	—	—	121 810	—	34 596	—	29 964

注：

维修车间待分配的费用=20 000+12 000+1 200+3 300+2 710+960=40 170（元）

供电车间待分配的费用=120 000+18 000+1 800+3 900+2 500=146 200（元）

表3-15　**制造费用分配表**

2024年2月　金额单位：元

分配对象	分配标准（生产工时）	分配率	金额
内齿轮	2 200	—	59 360.40
外齿轮	2 800	—	75 549.60
合计	5 000	26.9820	134 910

注：“制造费用”=6 000+4 300+121 810+560+2 240=134 910（元）。

2.会计分录：

（1）借：生产成本——基本生产车间（内齿轮） 186 000
——基本生产车间（外齿轮） 150 000
——辅助生产成本（维修车间） 20 000
——辅助生产成本（供电车间） 120 000
管理费用 1 500
销售费用 2 000
贷：原材料——铁粉1号 479 500

（2）借：生产成本——基本生产车间（内齿轮） 28 000
——基本生产车间（外齿轮） 22 000
——辅助生产成本（维修车间） 12 000
——辅助生产成本（供电车间） 18 000
管理费用 12 500
销售费用 8 500
贷：应付职工薪酬——工资 101 000

（3）借：生产成本——基本生产车间（内齿轮） 2 800
——基本生产车间（外齿轮） 2 200
——辅助生产成本（维修车间） 1 200
——辅助生产成本（供电车间） 1 800
管理费用 1 250
销售费用 850
贷：应付职工薪酬——职工福利 10 100

（4）借：制造费用——基本生产车间 6 000
生产成本——辅助生产成本（维修车间） 3 300
——辅助生产成本（供电车间） 3 900
管理费用 1 008
贷：累计折旧 14 208

（5）借：制造费用——基本生产车间 4 300
生产成本——辅助生产成本（维修车间） 2 710
——辅助生产成本（供电车间） 2 500
管理费用 6 800
贷：银行存款 16 310

（6）借：生产成本——基本生产车间（内齿轮） 4 960
——基本生产车间（外齿轮） 13 800
——辅助生产成本（维修车间） 960
管理费用 512
销售费用 580

贷：应付账款——自来水公司　20 812

（7）借：制造费用　121 810

管理费用　34 596

销售费用　29 964

贷：生产成本——辅助生产成本（维修车间）　40 170

生产成本——辅助生产成本（供电车间）　146 200

（8）借：制造费用——劳保用品　560

应交税费——应交增值税（进项税额）　72.80

贷：库存现金　632.80

（9）车间主任报销差旅费

借：制造费用　2 240

库存现金　760

贷：其他应收款——姚大海　3 000

（10）分配制造费用

借：生产成本——内齿轮　59 360.40

——外齿轮　75 549.60

贷：制造费用　134 910

3.登记“制造费用”明细账（见表3-16）。

表3-16　**制造费用明细账**

2024年		凭证字号	摘要	折旧费	办公及其他费用	辅助生产费用转入	劳保费用	差旅费	合计
月	日								
2	1	略	期初余额						0
2	5	略	购买劳保用品				560		560
2	18	略	报销差旅费					2 240	2 240
2	28	略	分配折旧费	6 000					6 000
2	28	略	分配办公及其他费用		4 300				4 300
2	28	略	分配辅助生产费用			121 810			121 810
2	29	略	待分配费用合计	6 000	4 300	121 810	560	2 240	134 910
2	29		结转制造费用	6 000	4 300	121 810	560	2 240	134 910
2	29		月末余额						0

四、案例专栏

案例　钢铁企业制造费用的精细化管理

钢铁企业要想在激烈多变的竞争环境中脱颖而出，在市场上占有稳固的一席之地，不仅要通过自身业务的创新升级来应对激烈的市场竞争，而且还要全视角、多维度地开展降本增效工作以发挥自身成本优势。钢铁企业制造费用是钢材成本核算的必要组成和重要环节，在整个成本核算工作中不可或缺。推行制造费用精细化管理，是在新常态下用新观念去提升钢铁企业经济效益、重塑竞争的新优势、促进钢铁企业持续健康发展的核心和内生动力。

制造费用是指企业为生产产品和提供劳务而发生的各项间接费用，主要包括为组织和管理生产所发生的一切费用及生产单位发生的固定资产折旧、无形资产摊销、车间管理人员的职工薪酬、水电费、机物料费、运输费、试验检验费、劳务用工费、劳动保护费、季节性和修理期间的停工损失及其他等费用。

制造费用精细化管理是钢铁市场发展趋势的需求和方向。受钢铁产能过剩和钢材价格下行趋势影响，成本压力对于钢铁企业尤为明显。钢铁企业为了适应当前社会发展需求以及钢材市场环境变化，必须提高企业管理水平，降低内部成本，提高企业经济利益，持续增强竞争优势。制造费用精细化管理主要以降低管理成本、减少资源浪费等方式，着眼于降低钢铁企业内部制造费用，是检验企业设备运行和生产组织成效的体现，更是各大钢铁企业抢占市场有利地位的重要和快捷途径之一。

制造费用精细化管理是钢铁企业有效运行的重要管理机制。钢铁企业要在钢铁行业的激烈竞争中谋求基业常青，必须改变相对粗放的管理模式，创新精细化管理方法。落实到制造费用管理，要实行刚性的制度，规范人的行为，强化责任的落实，以形成优良的执行文化和机制，为钢铁企业的健康、稳定发展提供积极的推动力。

要求：阅读以上材料回答问题：

展示内容3-1

案例提示

1.什么是精细化管理，钢铁企业为什么要实行精细化管理？

2.你认为钢铁企业制造费用管理的现状如何？

3.制造费用精细化管理的改善对策有哪些？

资料来源：张璇．浅谈钢铁企业制造费用精细化管理［J］．冶金财会，2019，38（5）：41-43.

模块四　生产费用在完工产品和在产品之间的分配实训

一、实训目的

通过对模拟企业生产费用在完工产品和在产品之间的分配，掌握生产费用在完工产品和在产品之间分配的基本原理和方法，重点掌握定额成本法、定额比例法和约当产量法的实际应用，掌握三种分配方法及其账务处理流程。

本模块的思政目标为，帮助学生树立会计人员爱岗敬业的意识，引导学生关注国家财经政策，承担起会计人员应有的社会责任。帮助学生树立服务意识，坚守诚信底线。通过小组合作，培养学生团队合作意识、沟通协作能力。

二、理论知识点

月末时，企业产品成本明细账中按照成本项目归集了为生产产品所发生的全部生产费用，如果产品全部没有完工，产品成本明细账中归集的生产费用之和，就是该产品的在产品成本；如果产品全部完工，产品成本明细账中归集的生产费用之和，就是该完工产品的成本；如果既有完工产品又有未完工产品，产品成本明细账中归集的生产费用之和，还应该在完工产品和在产品之间采用适当的方法进行分配，以计算完工产品和月末在产品成本。

生产费用在完工产品和在产品之间进行分配的方法有不计算在产品成本法、在产品按年初固定数计算法、在产品按原材料费用计价法、在产品按完工产品成本计算法、定额成本法、定额比例法和约当产量法七种方法。本实训模块包括定额成本法、定额比例法和约当产量法三个实训环节，即分别采用以上三种方法对生产费用在完工产品和在产品之间进行分配，通过三个环节的实训，掌握生产费用在完工产品和在产品之间进行分配的主要方法以及相应的账务处理过程。

（一）定额成本法

定额成本法是指根据月末在产品的数量和在产品的单位定额成本计算出月末在

产品成本，然后用本月生产费用累计数扣除月末在产品成本，计算出完工产品成本的一种方法。实际成本和定额成本产生的差额，全部由完工产品成本负担。它适用于定额管理水平较高，定额资料完整、准确、稳定，各月在产品数量变化不大的企业。其计算公式为：

在产品定额成本=在产品数量×单位在产品定额成本 (4.1)

完工产品成本=月初在产品成本+本月生产费用-在产品定额成本 (4.2)

（二）定额比例法

定额比例法是指按照完工产品和月末在产品成本的定额消耗量比例分配生产费用的一种方法。它适用于定额管理基础较好，各项消耗定额比较准确、稳定且月末在产品数量变动较大的产品。在实际工作中，当企业产品消耗原材料品种较多时，可用定额费用代替定额消耗量分配生产费用，这样可以减少核算工作量。定额比例法的计算公式为：

$$费用分配率=\frac{月初在产品成本+当月发生的生产成本}{月初在产品定额消耗量+当月投产产品定额消耗量} \quad (4.3)$$

完工产品成本=完工产品的定额消耗量×费用分配率 (4.4)

月末在产品成本=月末在产品的定额消耗量×费用分配率 (4.5)

注：定额消耗量也可以用定额成本、定额工时等替代。

（三）约当产量法

约当产量是指月末在产品的数量按其完工程度折合为相当于完工产品的数量。约当产量法就是根据完工产品的产量与月末在产品的约当产量比例来分配生产费用，从而计算出当月完工产品成本和月末在产品成本的方法。其计算公式为：

在产品的约当产量=在产品的数量×完工程度 (4.6)

$$某项费用分配率=\frac{月初在产品成本+当月发生的生产成本}{完工产品数量+期末在产品约当产量} \quad (4.7)$$

完工产品该项费用分配额=本月完工产品的数量×该项费用分配率 (4.8)

月末在产品该项费用分配额=月末在产品的约当产量×该项费用分配率 (4.9)

要正确分配生产费用，必须正确计算在产品的约当产量，而约当产量计算的正确与否主要取决于在产品的完工程度。在产品的完工程度有两种：一种是投料程度，用于分配直接材料费用时计算在产品的约当产量；另一种是加工程度，用于分配直接人工和制造费用时计算在产品的约当产量。

1.投料程度的确定。不同的投料方式，投料程度也不尽相同，企业投料的方式有两种。

（1）一次投料方式。这种方式下，原材料在生产开始时一次性投入，对于当期的完工产品和在产品在原材料的消耗上没有差别，所以投料程度为100%，在分配直接材料时在产品等同于完工产品数量直接进行分配。

（2）逐步投料方式。这种方式下，原材料不在生产开始时一次性投入，而是随着生产进度陆续投入，具体又分成两种情况：一种是原材料随着加工进度分工序投入，并在每道工序开始时一次性投入，按每一道工序的原材料消耗定额计算投料程度；另一种是原材料随着加工进度分工序投入，但是在每道工序陆续投入，按在产品在每一道工序的原材料消耗定额占产品成本消耗定额的比例计算投料程度。

$$\text{某工序在产品直接材料完工程度} = \frac{\text{上工序累计单位产品材料定额耗用量} + \text{本工序材料定额耗用量} \times 50\%}{\text{单位产品原材料定额耗用量}} \tag{4.10}$$

2.加工程度的确定。对于直接人工和制造费用，通常按加工程度计算在产品的约当产量，各工序在产品的加工程度可根据各工序的累计工时定额占完工产品工时定额的比例计算。

约当产量法一般适用于月末在产品数量较多、各月末在产品数量变化较大、产品成本中直接材料和各项加工费用所占比重相差不大的情况。

三、实训内容

实训一 定额成本法实训

（一）实训所需条件

1.实训所需资料。

（1）企业基本情况。

朝阳市钢铁有限公司设有一个基本生产车间，常年生产圆柱齿轮产品。原材料在生产开始时一次性投入，月末在产品的加工程度均为50%。

（2）企业成本核算的有关规定如下：

① 圆柱齿轮生产过程中发生的生产费用采用定额成本法计算月末在产品成本。

② 采用通用记账凭证格式。

（3）本月圆柱齿轮完工500件，月末在产品160件。单位圆柱齿轮的定额成本为：直接材料85元/件，直接人工2元/小时，制造费用1.5元/小时。单位圆柱齿轮的定额工时为80小时。

（4）圆柱齿轮月初在产品和本月发生的费用资料见表4-1。

表4-1 圆柱齿轮月初在产品和本月发生的费用资料

2024年1月 单位：元

项目	直接材料	直接人工	制造费用	合计
月初在产品费用	6 000	3 600	8 000	17 600
本月发生费用	44 000	48 000	22 000	114 000
合计	50 000	51 600	30 000	131 600

2.实训需要真实的通用记账凭证1张，活页式生产成本明细账1张，数量金额式明细账1张，凭证封皮1张。实训还需剪刀、直尺、胶水、印台、计算器、档案袋、装订线、装订机等工具。

（二）实训要求

1.编制月末在产品的定额成本计算表（参考格式见表4-2）。
2.采用定额成本法将生产费用在完工产品与在产品之间进行分配。
3.编制圆柱齿轮成本计算单（参考格式见表4-3）。
4.编制完工产品成本汇总表（参考格式见表4-4）。
5.进行完工产品验收入库的账务处理。
6.计算的中间结果保留四位小数，最终结果保留两位小数。
7.有关自制原始凭证的参考格式见表4-2至表4-4（实训中所用到的记账凭证、账页的格式，请参见实际工作中所用的、真实的凭证与账页，这里从略）。

表4-2　**月末在产品的定额成本计算单**

2024年1月　金额单位：元

产品名称	在产品数量（件）	原材料费用定额	工时定额（小时）	人工费用定额	制造费用定额	合计
圆柱齿轮						
合计						

表4-3　**圆柱齿轮成本计算单**

2024年1月　单位：元

项目	直接材料	直接人工	制造费用	合计
月初在产品成本				
本月发生费用				
生产费用合计				
产成品成本				
月末在产品成本				

表4-4　**完工产品成本汇总表**

2024年1月　金额单位：元

产品名称 / 成本项目	圆柱齿轮（500件）	
	总成本	单位成本
直接材料		
直接人工		
制造费用		
合计		

（三）实训组织方法及步骤

本实训安排在相关理论知识讲授完之后进行，在实训指导教师的指导下，由学生独立完成。学生以班级为单位统一到会计手工模拟实验室进行实训。实训前要求学生对相关知识进行预习，特别是要对基础会计中的有关记账凭证的编制和账簿登记的规定进行复习。实训的具体步骤如下：

1.计算月末在产品的定额成本，编制在产品的定额成本计算表。

2.填制产品成本计算单。

3.填制完工产品成本汇总表。

4.编制完工产品验收入库的记账凭证。

5.登记明细账。

实训结束后学生应将完成的各种资料转入配发的档案袋中，上交实训指导教师。

本实训计划安排1个学时。

（四）实训参考答案

1.自制原始凭证见表4-5至表4-7：

表4-5　**月末在产品的定额成本计算单**

2024年1月　　金额单位：元

产品名称	在产品数量（件）	原材料费用定额	工时定额（小时）	人工费用定额	制造费用定额	合计
圆柱齿轮	160	160×85=5 100	160×80×50%=6 400	6 400×2=12 800	6 400×1.5=9 600	27 500
合计	160	5 100	6 400	12 800	9 600	27 500

表4-6　**圆柱齿轮成本计算单**

2024年1月　　单位：元

项目	直接材料	直接人工	制造费用	合计
月初在产品成本	6 000	3 600	8 000	17 600
本月发生费用	44 000	48 000	22 000	114 000
生产费用合计	50 000	51 600	30 000	131 600
产成品成本	44 900	38 800	20 400	104 100
月末在产品成本	5 100	12 800	9 600	27 500

表4-7 完工产品成本汇总表

2024年1月 金额单位：元

成本项目＼产品名称	圆柱齿轮（500件）	
	总成本	单位成本
直接材料	44 900	89.80
直接人工	38 800	77.60
制造费用	20 400	40.80
合计	104 100	208.20

2.会计分录：

借：库存商品——圆柱齿轮 104 100

贷：生产成本——圆柱齿轮 104 100

实训二 定额比例法实训

（一）实训所需条件

1.实训所需资料。

（1）企业基本情况。

朝阳市钢铁有限公司设有一个基本生产车间，常年生产锥齿轮。辅助生产车间为基本生产车间以及企业其他部门提供服务。

（2）企业成本核算的有关规定。

① 锥齿轮生产过程中发生的生产费用采用定额比例法在完工产品与在产品之间进行分配。直接材料按原材料定额消耗量比例分配，加工费用按定额工时分配。

② 采用通用记账凭证格式。

（3）月末锥齿轮在产品原材料定额消耗量为4 000千克，定额工时为5 000小时。完工产品的定额消耗量为26 000千克，定额工时为20 000小时。本月完工锥齿轮1 000件。

（4）锥齿轮在产品月初和本月发生的费用资料见表4-8。

表4-8 锥齿轮在产品月初和本月发生的费用资料

2024年1月 单位：元

项目	直接材料	直接人工	制造费用	合计
月初在产品费用	4 520	2 464	2 376	9 360
本月发生费用	67 200	21 036	13 324	101 560
合计	71 720	23 500	15 700	110 920

2.实训需要真实的通用记账凭证1张，活页式生产成本明细账1张，数量金额式明细账1张，凭证封皮1张。实训还需剪刀、直尺、胶水、印台、计算器、档案袋、装订线、装订机等工具。

（二）实训要求

1.采用定额比例法将生产费用在完工产品与在产品之间进行分配。

2.编制锥齿轮成本计算单（参考格式见表4-9）。

3.编制完工产品成本汇总表（参考格式见表4-10）。

4.进行完工产品验收入库的账务处理。

5.计算的中间结果保留四位小数，最终结果保留两位小数。

6.有关自制原始凭证的参考格式见表4-9和表4-10（实训中所用到的记账凭证、账页的格式，请参见实际工作中所用的、真实的凭证与账页，这里从略）。

表4-9 **锥齿轮成本计算单**

2024年1月 金额单位：元

项目		直接材料	直接人工	制造费用	合计
月初在产品成本					
本月发生费用					
生产费用合计					
完工产品	定额消耗量			—	—
	实际成本				
分配率					—
在产品	定额消耗量			—	—
	实际成本				

表4-10 **完工产品成本汇总表**

2024年1月 金额单位：元

产品名称 成本项目	锥齿轮（1 000件）	
	总成本	单位成本
直接材料		
直接人工		
制造费用		
合计		

（三）实训组织方法及步骤

本实训安排在相关理论知识讲授完之后进行，在实训指导教师的指导下，由学生独立完成。学生以班级为单位统一到会计手工模拟实验室进行实训。实训前要求学生对相关知识进行预习，特别是要对基础会计中的有关记账凭证的编制和账簿登记的规定进行复习。实训的具体步骤如下：

1.按成本项目分配生产费用。

2.填制产品成本计算单。

3.填制完工产品成本汇总表。

4.编制完工产品验收入库的记账凭证。

5.登记明细账。

实训结束后学生应将完成的各种资料转入配发的档案袋中，上交实训指导教师。

本实训计划安排1个学时。

（四）实训参考答案

1.自制原始凭证见表4-11和表4-12：

表4-11 **锥齿轮成本计算单**

2024年1月 金额单位：元

项目		直接材料	直接人工	制造费用	合计
月初在产品成本		4 520	2 464	2 376	9 360
本月发生费用		67 200	21 036	13 324	101 560
生产费用合计		71 720	23 500	15 700	110 920
完工产品	定额消耗量	26 000千克	20 000小时	—	—
	实际成本	62 158.20	18 800	12 560	93 518.20
分配率		2.3907	0.94	0.628	—
在产品成本	定额消耗量	4 000千克	5 000小时	—	—
	实际成本	9 561.80	4 700	3 140	17 401.80

表4-12

完工产品成本汇总表

2024年1月

金额单位：元

成本项目 \ 产品名称	锥齿轮（1 000件）	
	总成本	单位成本
直接材料	62 158.20	62.16
直接人工	18 800	18.80
制造费用	12 560	12.56
合计	93 518.20	93.52

2.会计分录：

借：库存商品——锥齿轮　　93 518.20

　贷：生产成本——锥齿轮　　93 518.20

实训三　约当产量法实训

（一）实训所需条件

1.实训所需资料。

（1）企业基本情况。

朝阳市钢铁有限公司设有一个基本生产车间，常年生产扇形齿轮。生产的扇形齿轮经过三道工序连续加工完成，原材料随着生产进度陆续投入，且在每道工序陆续投入。本月完工扇形齿轮2 000件。

（2）企业成本核算的有关规定。

① 采用约当产量法将生产费用在完工产品与在产品之间进行分配。

② 采用通用记账凭证格式。

（3）该企业2024年1月完工产品和在产品的数量及有关定额资料见表4-13。

表4-13

在产品数量及定额资料

2024年1月

工序	1	2	3	合计
直接材料定额（千克）	280	168	112	560
工时定额（小时）	80	130	40	250
在产品数量（件）	60	70	30	160
完工产品（件）	2 000			

注：在产品在各道工序的加工程度均为50%。

（4）扇形齿轮月初在产品和本月发生的费用资料见表4-14。

表4-14　　扇形齿轮月初在产品和本月发生的费用

2024年1月　　单位：元

项目	直接材料	直接人工	制造费用	合计
月初在产品费用	25 000	46 635	27 199	98 834
本月发生费用	250 000	120 000	95 000	465 000
合计	275 000	166 635	122 199	563 834

2.实训需要真实的通用记账凭证1张，活页式生产成本明细账1张，数量金额式明细账1张，凭证封皮1张。实训还需剪刀、直尺、胶水、印台、计算器、档案袋、装订线、装订机等工具。

（二）实训要求

1.填制完成表4-15、表4-16。

2.采用约当产量法将生产费用在完工产品与在产品之间进行分配。

3.编制扇形齿轮成本计算单（参考格式见表4-17）。

4.编制完工产品成本汇总表（参考格式见表4-18）并进行完工产品验收入库的账务处理。

5.有关自制原始凭证的参考格式见表4-17和表4-18（实训中所用到的记账凭证、账页的格式，请参见实际工作中所用的、真实的凭证与账页，这里从略）。

表4-15　　扇形齿轮投料率和约当产量计算表（直接材料）

2024年1月　　单位：件

工序	各工序直接材料定额（千克）	投料率	在产品数量	约当产量
1				
2				
3				
合计		—		

表4-16　　扇形齿轮投料率和约当产量计算表（加工费用）

2024年1月　　单位：件

工序	各工序工时定额（小时）	投料率	在产品数量	约当产量
1				
2				
3				
合计		—		

表4-17

扇形齿轮成本计算单

2024年1月　　　　金额单位：元

摘要		直接材料	直接人工	制造费用	合计
月初在产品费用					
本月发生费用					
生产费用合计					
产品产量	完工产品产量				—
	在产品约当产量				—
	合计				—
单位成本					
完工产品成本					
在产品成本					

说明：单位成本保留两位小数，采用倒挤的方法计算在产品成本。

表4-18

完工产品成本汇总表

2024年1月　　　　金额单位：元

产品名称 / 成本项目	扇形齿轮（2 000件）	
	总成本	单位成本
直接材料		
直接人工		
制造费用		
合计		

（三）实训组织方法及步骤

本实训安排在相关理论知识讲授完之后进行，在实训指导教师的指导下，由学生独立完成。学生以班级为单位统一到会计手工模拟实验室进行实训。实训前要求学生对相关知识进行预习，特别是要对基础会计中的有关记账凭证的编制和账簿登记的规定进行复习。实训的具体步骤如下：

1.计算各道工序的完工程度。

2.计算各道工序的约当产量。

3.按成本项目分配生产费用。

4.填制产品成本计算单。

5.填制完工产品成本汇总表。

6.编制完工产品验收入库的记账凭证。

7.登记明细账。

实训结束后学生应将完成的各种资料转入配发的档案袋中，上交实训指导教师。

本实训计划安排1个学时。

（四）实训参考答案

1.自制原始凭证见表4-19至表4-22：

表4-19　　扇形齿轮投料率和约当产量计算表（直接材料）

2024年1月　　单位：件

工序	各工序直接材料定额（千克）	投料率	在产品数量	约当产量
1	280	（280×50%）×100%÷560=25%	60	15
2	168	（280+168×50%）×100%÷560=65%	70	45.5
3	112	（280+168+112×50%）×100%÷560=90%	30	27
合计	560	—	160	87.5

表4-20　　扇形齿轮投料率和约当产量计算表（加工费用）

2024年1月　　单位：件

工序	各工序工时定额（小时）	投料率	在产品数量	约当产量
1	80	（80×50%）÷250×100%=16%	60	9.6
2	130	（80+130×50%）÷250×100%=58%	70	40.6
3	40	（80+130+40×50%）÷250×100%=92%	30	27.6
合计	250	—	160	77.8

表4-21　　扇形齿轮成本计算单

2024年1月　　金额单位：元

摘要		直接材料	直接人工	制造费用	合计
月初在产品费用		25 000	46 635	27 199	98 834
本月发生费用		250 000	120 000	95 000	465 000
生产费用合计		275 000	166 635	122 199	563 834
产品产量	完工产品产量	2 000	2 000	2 000	—
	在产品约当产量	87.5	77.8	77.8	—
	合计	2 087.5	2 077.8	2 077.8	—
单位成本		131.74	80.20	58.81	270.75
完工产品成本		263 480	160 400	117 620	541 500
在产品成本		11 520	6 235	4 579	22 334

表4-22 完工产品成本汇总表

2024年1月 金额单位：元

成本项目＼产品名称	扇形齿轮（2 000件）	
	总成本	单位成本
直接材料	263 480	131.74
直接人工	160 400	80.20
制造费用	117 620	58.81
合计	541 500	270.75

2.会计分录：

借：库存商品——扇形齿轮 541 500

　贷：生产成本——扇形齿轮 541 500

四、案例专栏

案例一　大连星海塑料制品有限责任公司在产品的盘点及核算

大连星海塑料制品有限责任公司成立于2018年，企业坚持以“用户至上，信誉第一”为宗旨，以“质量第一，价格公道”为立厂之本，以“博采众长，务实创新”的企业文化为依托，不断创新，现已发展成一家集科研、生产、销售、服务于一体的现代化企业。该塑料制造企业为增值税一般纳税人，设有一个基本生产车间，生产三种产品：真空镀膜、塑胶包装材料和药品包装材料，2023年11月30日，企业对其在产品进行了盘点，并编制了在产品盘盈盘亏报告表（见表4-23）。

表4-23 在产品盘盈盘亏报告表

财产类别：在产品　　编号：ZC01#

存放地点：基本生产车间　　盘点日期：2023年11月30日

存放类别	名称规格	计量单位	数量		单价（元/米）	盘盈		盘亏		盈亏原因
			实存	账存		数量	金额（元）	数量	金额（元）	
在产品	真空镀膜	米	3 070	3 000	4.20	70	294			记账错误
在产品	塑胶包装材料	米	4 560	4 660	12.85			100	1 285	管理不善
在产品	药品包装材料	米	4 320	5 820	15.20			1 500	22 800	自然灾害

盘点人：黄大明　　实物保管人：郭飞

其他有关资料如下：盘亏的塑胶包装材料的在产品中有260元属于定额内损耗，另由过失人俞佳莹赔偿650元。由于自然灾害而毁损的药品包装材料价值22 800元，应结转增值税2 964元，残值处理后收回现金528元，由保险公司赔偿9 695元。

要求：根据上述成本资料，对在产品的盘点情况进行处理，并编制相关会计分录。

资料来源：杨贞斌. 成本会计——理论与实训［M］. 大连：东北财经大学出版社，2010.

展示内容4-1

案例提示

案例二　思麦酒业有限公司完工产品成本和月末在产品成本的核算

绍兴思麦酒业有限公司生产米酒，每月末未加工好的米酒数量较大且数量变化不稳定，同时直接材料费用在成本中所占比重较大。已知2024年1月份米酒的月初在产品成本为32 000元，本月发生的生产费用为200 000元，其中：直接材料168 000元、直接人工24 000元、制造费用8 000元。本月加工出米酒成品2 000瓶，月末在产品500瓶。原材料在生产开始时全部投入。

要求：根据产品的生产特点，选择适当的方法计算完工产品和月末在产品成本，并编制基本生产成本明细账。

资料来源：杨贞斌. 成本会计——理论与实训［M］. 大连：东北财经大学出版社，2010.

展示内容4-2

案例提示

模块五　成本计算的品种法实训

一、实训目的

通过对该模块的实训，掌握品种法计算产品成本的基本原理，并与成本核算账务处理系统相结合，提高学生分析问题的能力以及应用理论知识解决实际问题的能力。

本模块的思政目标为，培养学生应有的职业谨慎态度，以及树立会计理论知识联系实际经济业务的思想，培养学生严谨、细致的职业态度，增强学生的职业责任感和认同感。通过小组合作，培养学生团队合作意识、沟通协作能力。

二、理论知识点

（一）品种法的含义

产品成本计算的品种法是指以产品的品种作为成本核算对象，来归集费用并计算产品成本的一种方法。

按照产品品种计算成本，是产品成本计算最一般、最起码的要求，不论什么方式的制造企业，也不论生产什么类型的产品，最终都要求按产品品种计算产品成本，因此，品种法是最基本的产品成本计算方法。

（二）品种法的特点和适用范围

1.品种法的特点

（1）以产品品种作为成本核算对象。

（2）按月计算产品成本。

（3）有月末在产品的需要在完工产品和期末在产品间分配费用。

2.品种法的适用范围

从生产工艺过程看，品种法适用于单步骤生产，以及不要求分步计算的多步骤生产企业；从生产组织方式看，品种法适用于大批量生产企业，如发电、采掘生产等企业。

（三）品种法的成本计算程序

1.按产品品种设置成本计算单（即成本明细账）。
2.归集和分配本月发生的各项费用。
3.分配辅助生产费用。
4.分配基本生产单位制造费用。
5.计算完工产品成本。
6.结转完工产品成本。

三、实训内容

实训　成本计算的品种法实训

（一）实训所需条件

1.实训所需资料。

（1）企业基本情况。

朝阳市钢铁有限公司是辽宁省朝阳市一家加工制造企业，现设有一个基本生产车间和维修、供电两个辅助生产车间。基本生产车间大量生产内齿轮与外齿轮，两种产品均属于单步骤生产，根据其生产特点和管理要求，两种产品均采用品种法计算产品成本。辅助生产车间为基本生产车间以及企业其他部门提供服务。该企业实行厂部一级成本核算体制。

（2）企业成本核算的有关规定。

① 开设“生产成本”科目，对各生产车间发生的生产费用进行总分类核算；二级科目按“基本生产成本”和“辅助生产成本”开设；三级科目按车间或产品品种开设；产品成本项目包括“直接材料”、“直接人工”、“燃料及动力”和“制造费用”四个成本项目。

② 由于各辅助生产车间只生产一种产品（劳务），因此，各辅助生产车间发生的各项制造费用都不通过“制造费用”科目核算。

③ 内、外齿轮两种产品共同耗用的材料费用按完工产品的定额耗用量的比例进行分配，其中内齿轮材料定额耗用量为16千克/件，外齿轮材料定额耗用量为20千克/件。

④ 生产工人工资费用按实际生产工时比例进行分配。

⑤ 内齿轮月末在产品数量较多、各月末在产品的数量变化较大、产品成本中

直接材料和各项加工费用所占的比重相差不大，因此，内齿轮的生产费用在完工产品与在产品之间进行分配采用约当产量法，已知内齿轮材料费用为一次性投入。外齿轮的定额管理基础比较好，各项消耗定额或费用定额比较准确、稳定且月末在产品数量变化较大，因此，外齿轮的生产费用在完工产品与在产品之间进行分配采用定额比例法。

⑥ 低值易耗品采用一次摊销法摊销。

⑦ 辅助生产费用采用计划成本分配法进行分配。

⑧ 基本生产车间发生的制造费用采用内、外齿轮两种产品的实际生产工时比例进行分配。

⑨ 采用通用记账凭证格式。

⑩ 企业的账务处理程序采用科目汇总表账务处理程序。

（3）其他资料。

①朝阳市钢铁有限公司 2024 年 2 月，内、外齿轮两种产品的产量资料见表 5-1。

表5-1 产品产量资料

2024年2月

单位：件

产品名称	月初在产品	本月投入	本月完工	月末在产品
内齿轮	480	2 500	2 830	150
外齿轮	320	2 000	2 220	100

注：内齿轮月末在产品的完工程度为60%，材料系开工时一次性投入。

②2 月初在产品成本资料见表 5-2。

表5-2 月初在产品成本

2024年2月

单位：元

产品名称	直接材料	燃料及动力	直接人工	制造费用	合计
内齿轮	164 000	3 075	29 470	3 600	200 145
外齿轮	123 700	6 000	10 440	3 350	143 490

③外齿轮单位产品定额资料见表 5-3。

表5-3 外齿轮定额资料

2024年2月

产品名称	完工产品	在产品
材料费用定额（元）	200	200
工时定额（小时）	48	23

④本月内、外齿轮两种产品的实际生产工时资料见表5-4。

表5-4 **内、外齿轮两种产品本月实际生产工时**

2024年2月 单位：小时

产品名称	内齿轮	外齿轮
实际生产工时	25 000	15 000

⑤2月份，该企业辅助生产车间提供的产品（劳务）数量见表5-5。

表5-5 **辅助生产车间提供产品（劳务）明细表**

2024年2月

辅助生产车间 受益部门		供电车间（度） （计划单位成本1.2元）	维修车间（小时） （计划单位成本4.2元）
供电车间		—	500
维修车间		1 000	—
基本生产车间	内齿轮	30 100	10 000
	外齿轮	11 900	11 500
	一般性耗用	1 800	6 000
行政管理部门		3 200	1 200
销售部门		2 800	800
合计		50 800	30 000

（4）朝阳市钢铁有限公司2024年2月基本生产车间生产内、外齿轮两种产品发生的各项费用及有关原始凭证如下：

①根据本月各部门的领料单（略）编制的领料凭证汇总表见表5-6。

表5-6 **领料凭证汇总表**

2024年2月 单位：元

部门 材料	基本生产车间				辅助生产车间		行政管理部门	合计
	产品用			一般消耗	供电车间	维修车间		
	内齿轮	外齿轮	共同耗用					
铸铁	65 000	41 000	40 000	3 600	6 000	8 000	2 000	165 600
铝	40 000	30 000	60 000	2 400	1 800	1 500	2 500	138 200
低值易耗品	8 800	6 560		500	3 000	2 000	3 000	23 860
包装物	5 000	3 640			1 000	800		10 440
合计	118 800	81 200	100 000	6 500	11 800	12 300	7 500	338 100

②本月发生的工资费用见表5-7。

表5-7 **工资结算汇总表**

2024年2月

单位：元

部门		应付标准工资	奖金	津贴和补贴		加班加点工资	特殊情况下支付的工资		应付工资	代扣款项			实发工资
				岗位津贴	副食补贴		病假	探亲		医药费	房租	小计	
基本生产车间	生产工人	126 400	26 000	5 200	28 000	6 000	4 800	500	196 900	2 400	6 400	8 800	188 100
	管理人员	30 000	7 000	0	600	0	500	0	38 100	200	1 280	1 480	36 620
维修车间	生产工人	5 5200	11 520	4 800	1 200	2 880	1 040	250	76 890	800	4 200	5 000	71 890
	管理人员	15 800	4 400	400	800	0	640	0	22 040	240	840	1 080	20 960
供电车间	生产工人	14 900	1 600	800	4 000	240	90	0	21 630	80	320	400	21 230
	管理人员	6 500	3 600	1 800	2 000	360	280	0	14 540	900	1 700	2 600	11 940
行政管理部门		20 640	1 6000	0	4 000	0	800	0	41 440	1 200	960	2 160	39 280
在建工程部门		70 000	1 800	0	7 500	0	0	0	79 300	1 960	2 400	4 360	74 940
合计		339 440	71 920	13 000	48 100	9 480	8 150	750	490 840	7 780	18 100	25 880	464 960

③本月企业固定资产及折旧率见表5-8。

表5-8 **固定资产折旧费用计算表**

2024年2月

金额单位：元

项目		固定资产名称	原值	月折旧率（%）
基本生产车间		房屋建筑物	1 800 000	0.3
		机器设备	800 000	0.6
辅助生产车间	供电车间	房屋建筑物	1 500 000	0.3
		机器设备	500 000	0.6
	维修车间	房屋建筑物	1 300 000	0.3
		机器设备	200 000	0.6
行政管理部门		房屋建筑物	800 000	0.3
		机器设备	100 000	0.6
销售部门		房屋建筑物	400 000	0.3
		机器设备	40 000	0.6
合计			7 440 000	—

④本月计提无形资产摊销费用见表5-9。

表5-9　　**无形资产摊销费用计算表**

2024年2月　　金额单位：元

项目	无形资产名称	原值	月摊销率（%）
基本生产车间	专利技术	350 000	0.8
行政管理部门	用友财务软件	300 000	1
销售部门	悟空CRM销售系统	200 000	1
合计		7 440 000	—

⑤本月外购水费发票见表5-10，各部门耗用分配情况见表5-11，水费尚未支付。

表5-10　　**外购水费发票**

201041935　　**辽宁省增值税专用发票**　　№.4005012

（全国统一发票监制章　国家税务总局　辽宁省税务局）

开票日期：2024年2月2日

购买方	名　　称：朝阳市钢铁有限公司 纳税人识别号：370982310042173 地 址 、电 话：朝阳市双塔路12号22621414 开户银行及账号：工行双塔营业部2403115438	密码区	8<109<373/*+43-+953*+*56>/ 7-6/+7274653850/*+1-85<0-6 491+92+7>6/4/<*743-/152*<+ 6>1/194>+31>46171*1*8<3/<*2

货物或应税劳务、服务名称	规格型号	单位	数量	单价	金额	税率	税额
工业用水		吨	68 450	3.00	205 350.00	9%	18 481.50
合　计					¥205 350.00		¥18 481.50

价税合计（大写）：⊗贰拾贰万叁仟捌佰叁拾壹元伍角整　　小写：¥223 831.50

销售方	名　　称：本溪市自来水有限责任公司 纳税人识别号：330103489236845 地 址 、电 话：本溪市南岗区99号88816800 开户银行及账号：工行南岗办事处035101082172	备注	（本溪市自来水有限责任公司　330103489236845　发票专用章）

收款人：　　复核：陈佳　　开票人：孙大川　　销售方：（章）

表5-11 外购水费分配表

2024年2月 金额单位：元

分配对象		外购动力各部门耗用情况（吨）
基本生产车间	内齿轮	12 400
	外齿轮	34 500
	一般耗用	13 620
	合计	60 520
辅助生产车间	维修车间	2 400
	供电车间	800
管理费用		3 280
销售费用		1 450
合计		68 450

⑥本月以银行存款支付的办公费用及其他费用分配表见表5-12（转账支票存根及各项费用的原始凭证略）。

表5-12 办公费用及其他费用分配表

2024年2月 单位：元

分配对象		成本费用项目	金额
基本生产车间		办公费	5 000
		其他	800
		小计	5 800
辅助生产车间	供电车间	办公费	3 000
		其他	500
		小计	3 500
	维修车间	办公费	2 800
		其他	300
		小计	3 100
行政管理部门		办公费	8 000
		其他	2 000
		小计	10 000
销售部门		办公费	3 000
		其他	1 000
		小计	4 000
合计			26 400

2.实训需要真实的通用记账凭证13张，活页式生产成本明细账4张，活页多栏式明细账3张，数量金额式明细账5张，三栏式明细账4张，凭证封皮1张。实训还需剪刀、直尺、胶水、印台、计算器、档案袋、装订线、装订机等工具。

（二）实训要求

1. 根据本月所发生各项费用的原始凭证编制各项费用分配表（参考格式见表5-13至表5-20）。

表5-13　　**材料费用分配表**

2024年2月　　金额单位：元

<table>
<tr><th colspan="2" rowspan="2">分配对象</th><th rowspan="2">成本项目</th><th rowspan="2">直接计入金额</th><th colspan="3">分配计入金额</th><th rowspan="2">合计</th></tr>
<tr><th>分配标准（按定额耗用量比例）</th><th>分配率</th><th>金额</th></tr>
<tr><td rowspan="6">基本生产车间</td><td>内齿轮</td><td>直接材料</td><td></td><td></td><td rowspan="2"></td><td></td><td></td></tr>
<tr><td>外齿轮</td><td>直接材料</td><td></td><td></td><td></td><td></td></tr>
<tr><td colspan="2">小计</td><td></td><td></td><td></td><td></td><td></td></tr>
<tr><td rowspan="2">一般耗用</td><td>材料费</td><td></td><td></td><td></td><td></td><td></td></tr>
<tr><td>低值易耗品</td><td></td><td></td><td></td><td></td><td></td></tr>
<tr><td colspan="2">小计</td><td></td><td></td><td></td><td></td><td></td></tr>
<tr><td rowspan="8">辅助生产车间</td><td rowspan="3">供电车间</td><td>材料费</td><td></td><td></td><td></td><td></td><td></td></tr>
<tr><td>低值易耗品</td><td></td><td></td><td></td><td></td><td></td></tr>
<tr><td>包装物</td><td></td><td></td><td></td><td></td><td></td></tr>
<tr><td colspan="2">小计</td><td></td><td></td><td></td><td></td><td></td></tr>
<tr><td rowspan="3">维修车间</td><td>材料费</td><td></td><td></td><td></td><td></td><td></td></tr>
<tr><td>低值易耗品</td><td></td><td></td><td></td><td></td><td></td></tr>
<tr><td>包装物</td><td></td><td></td><td></td><td></td><td></td></tr>
<tr><td colspan="2">小计</td><td></td><td></td><td></td><td></td><td></td></tr>
<tr><td colspan="2" rowspan="2">行政管理部门</td><td>材料费</td><td></td><td></td><td></td><td></td><td></td></tr>
<tr><td>低值易耗品</td><td></td><td></td><td></td><td></td><td></td></tr>
<tr><td colspan="3">小计</td><td></td><td></td><td></td><td></td><td></td></tr>
<tr><td colspan="3">合计</td><td></td><td>—</td><td>—</td><td></td><td></td></tr>
</table>

业务主管部门：　　　　审核：　　　　制表：

表5-14

工资费用分配表

2024年2月　　　　金额单位：元

<table>
<tr><th colspan="2" rowspan="2">分配对象</th><th rowspan="2">成本项目</th><th rowspan="2">直接计入</th><th colspan="3">分配计入</th><th rowspan="2">合计</th></tr>
<tr><th>生产工时</th><th>分配率</th><th>分配金额</th></tr>
<tr><td rowspan="4">基本生产车间</td><td>内齿轮</td><td>直接人工</td><td></td><td></td><td rowspan="2"></td><td></td><td></td></tr>
<tr><td>外齿轮</td><td>直接人工</td><td></td><td></td><td></td><td></td></tr>
<tr><td colspan="2">小计</td><td></td><td></td><td></td><td></td><td></td></tr>
<tr><td colspan="2">制造费用</td><td></td><td></td><td></td><td></td><td></td></tr>
<tr><td colspan="2">维修车间</td><td>工资</td><td></td><td></td><td></td><td></td><td></td></tr>
<tr><td colspan="2">供电车间</td><td>工资</td><td></td><td></td><td></td><td></td><td></td></tr>
<tr><td colspan="2">行政管理部门</td><td>工资</td><td></td><td></td><td></td><td></td><td></td></tr>
<tr><td colspan="2">在建工程部门</td><td>工资</td><td></td><td></td><td></td><td></td><td></td></tr>
<tr><td colspan="2">合计</td><td></td><td></td><td></td><td></td><td></td><td></td></tr>
</table>

业务主管部门：　　　　审核：　　　　制表：

表5-15

固定资产折旧费用计算表

2024年2月　　　　金额单位：元

项目		固定资产名称	原值	月折旧率（%）	月折旧额
基本生产车间		房屋建筑物	1 800 000	0.3	
		机器设备	800 000	0.6	
		小计	2 600 000	—	
辅助生产车间	供电车间	房屋建筑物	1 500 000	0.3	
		机器设备	500 000	0.6	
		小计	2 000 000	—	
	维修车间	房屋建筑物	1 300 000	0.3	
		机器设备	200 000	0.6	
		小计	1 500 000	—	
行政管理部门		房屋建筑物	800 000	0.3	
		机器设备	100 000	0.6	
		小计	900 000	—	
销售部门		房屋建筑物	400 000	0.3	
		机器设备	40 000	0.6	
		小计	440 000	—	
合计			7 440 000	—	

业务主管部门：　　　　审核：　　　　制表：

表5-16

无形资产摊销费用计算表

2024年2月 金额单位：元

项目	无形资产名称	原值	月摊销率（%）	月摊销额
基本生产车间	专利技术	350 000	0.8	
行政管理部门	用友财务软件	300 000	1	
销售部门	悟空CRM销售系统	200 000	1	
合计		850 000	—	

业务主管部门： 审核： 制表：

表5-17

外购水费分配表

2024年2月 金额单位：元

分配对象		外购动力费用（3元/吨）	
		耗用量（吨）	金额
基本生产车间	内齿轮	12 400	
	外齿轮	34 500	
	一般耗用	13 620	
	合计	60 520	
辅助生产车间	维修车间	2 400	
	供电车间	800	
管理费用		3 280	
销售费用		1 450	
合计		68 450	

业务主管部门： 审核： 制表：

表5-18　　**办公费用及其他费用分配表**

2024年2月　　单位：元

分配对象		成本费用项目	金额	小计
基本生产车间		办公费	5 000	
		其他	800	
辅助生产车间	供电车间	办公费	3 000	
		其他	500	
	维修车间	办公费	2 800	
		其他	300	
行政管理部门		办公费	8 000	
		其他	2 000	
销售部门		办公费	3 000	
		其他	1 000	
合计				

业务主管部门：　　审核：　　制表：

表5-19　　**辅助生产费用分配表（计划成本分配法）**

2024年2月　　金额单位：元

项目		供电车间（计划单位成本1.2元）		维修车间（计划单位成本4.2元）		按计划成本分配转入合计
		供电数量	分配金额	维修数量	分配金额	
辅助生产成本	供电车间					
	维修车间					
	小计					
基本生产成本	内齿轮					
	外齿轮					
	小计					
制造费用						
管理费用						
销售费用						
按计划成本分配转出合计						
待分配费用						
分配转入费用						
实际成本						
成本差异						

业务主管部门：　　审核：　　制表：

表5-20　　　　　　　　　　　　**制造费用分配表**

车间名称：基本生产车间　　　　　　2024年2月　　　　　　　　　金额单位：元

分配对象	生产工时	分配率	分配金额
内齿轮			
外齿轮			
合计			

业务主管部门：　　　　　　　　　审核：　　　　　　　　　制表：

2.开设相关的总账和明细账以及内、外齿轮两种产品成本计算单（产品成本计算单的参考格式见表5-21、表5-22），并将有关的期初余额登记到相关账簿以及两种产品成本计算单中。

表5-21　　　　　　　　　　　　**内齿轮成本计算单**

2024年2月　　　　　　　　　金额单位：元

项目		直接材料	燃料及动力	直接人工	制造费用	合计
月初在产品成本						
本月发生费用						
合计						
产品产量	完工产品产量					
	在产品约当产量					
	合计					
单位成本						
完工产品成本						
在产品成本						

业务主管部门：　　　　　　　　　审核：　　　　　　　　　制表：

表5-22　　　　　　　　　　　　**外齿轮成本计算单**

2024年2月　　　　　　　　　金额单位：元

项目		直接材料	燃料及动力	直接人工	制造费用	合计
月初在产品成本						
本月发生费用						
生产费用合计						
完工产品成本	定额费用（或工时）					
	实际成本					
分配率						
在产品成本	定额费用（或工时）					
	实际成本					

业务主管部门：　　　　　　　　　审核：　　　　　　　　　制表：

3.根据各项费用的原始凭证以及各项费用分配表编制记账凭证。

4.学生两人一组，互相对所填制的记账凭证进行审核。

5.根据审核无误的记账凭证登记各相关的明细账以及成本计算单。

6.将汇集到成本计算单中的各项费用进行汇总并进行分配，计算出完工产品的成本，编制完工产品成本汇总表（参考格式见表5-23），并进行完工产品验收入库的账务处理，编制记账凭证。

表5-23　　　　完工产品成本汇总表

2024年2月　　　　金额单位：元

产品名称成本项目	内齿轮（2 830件）		外齿轮（2 220件）	
	总成本	单位成本	总成本	单位成本
直接材料				
燃料及动力				
直接人工				
制造费用				
合计				

业务主管部门：　　　　审核：　　　　制表：

7.采用品种法计算内、外齿轮两种产品的成本。

8.计算的中间结果保留四位小数，最终结果保留两位小数。

9.实训中所用到的记账凭证、账页的格式，请参见实际工作中所用的、真实的凭证与账页，这里从略。

（三）实训组织方法及步骤

本实训安排在相关理论知识讲授完之后进行，在实训指导教师的指导下，由学生本人独立完成。学生以班级为单位统一到会计手工模拟实验室进行实训。实训前要求学生对相关知识进行预习，特别是要对基础会计中的有关记账凭证的编制和账簿登记的有关规定进行复习。实训的具体步骤如下：

1.根据本月发生的各项费用的原始凭证编制费用分配表，并根据这些原始凭证（包括编制的费用分配表）填制记账凭证。

2.根据审核无误的记账凭证登记相关的明细账（或成本计算单）。

3.编制完工产品成本汇总表，并进行完工产品验收入库的账务处理。

4.学生两人一组，互相对所填制的记账凭证进行审核。

5.根据审核无误的记账凭证登记有关明细账。

6.根据审核无误的记账凭证编制科目汇总表。

7.根据科目汇总表登记有关总账。

实训结束后学生应将完成的各种资料转入配发的档案袋中，上交实训指导教师。

本实训计划安排2个学时。

（四）实训参考答案

1.自制原始凭证见表5-24至表5-34：

表5-24

材料费用分配表

2024年2月

金额单位：元

分配对象		成本项目	直接计入金额	分配计入金额			合计
				分配标准（按定额耗用量比例）	分配率	金额	
基本生产车间	内齿轮	直接材料	118 800	45 280	1.1151	50 491.73	169 291.73
	外齿轮	直接材料	81 200	44 400		49 508.27	130 708.27
	小计		200 000	89 680	—	100 000	300 000
	一般耗用	材料费	6 000				6 000
		低值易耗品	500				500
	小计		6 500				6 500
辅助生产车间	供电车间	材料费	7 800				7 800
		低值易耗品	3 000				3 000
		包装物	1 000				1 000
	小计		11 800				11 800
	机修车间	材料费	9 500				9 500
		低值易耗品	2 000				2 000
		包装物	800				800
	小计		12 300				12 300
管理部门		材料费	4 500				4 500
		低值易耗品	3 000				3 000
小计			7 500				7 500
合计			238 100	—	—	100 000	338 100

业务主管部门：　　　　　　审核：　　　　　　制表：

共同负担材料费用的分配过程：

内齿轮材料定额耗用量=2 830×16=45 280（千克）

外齿轮材料定额耗用量=2 220×20=44 400（千克）

分配率=100 000÷（45 280+44 400）=1.1151

内齿轮分担的材料费用=45 280×1.1151=50 491.73（元）

外齿轮分担的材料费用=100 000-50 491.73=49 508.27（元）

表5-25

工资费用分配表

2024年2月

金额单位：元

分配对象		成本项目	直接计入	分配计入			合计
				生产工时	分配率	分配金额	
基本生产车间	内齿轮	直接工资		25 000	4.9225	123 062.50	123 062.50
	外齿轮	直接工资		15 000		73 837.50	73 837.50
	小计			40 000		196 900	196 900
	制造费用		38 100				38 100
维修车间		工资	98 930				98 930
供电车间		工资	36 170				36 170
行政管理部门		工资	41 440				41 440
在建工程部门		工资	79 300				79 300
合计			293 940			196 900	490 840

业务主管部门：　　　　审核：　　　　制表：

生产车间生产工人工资分配过程：

生产内、外齿轮总工时=25 000+15 000=40 000（工时）

分配率=196 900÷40 000=4.9225

内齿轮分担的工资费用=25 000×4.9225=123 062.50（元）

外齿轮分担的工资费用=15 000×4.9225=73 837.50（元）

表5-26

固定资产折旧计算表

2024年2月

金额单位：元

项目		固定资产名称	原值	月折旧率（%）	月折旧额
基本生产车间		房屋建筑物	1 800 000	0.3	5 400
		机器设备	800 000	0.6	4 800
		小计	—	—	10 200
辅助生产车间	供电车间	房屋建筑物	1 500 000	0.3	4 500
		机器设备	500 000	0.6	3 000
		小计	2 000 000	—	7 500
	维修车间	房屋建筑物	1 300 000	0.3	3 900
		机器设备	200 000	0.6	1 200
		小计	1 500 000	—	5 100
行政管理部门		房屋建筑物	800 000	0.3	2 400
		机器设备	100 000	0.6	600
		小计	900 000	—	3 000
销售部门		房屋建筑物	400 000	0.3	1 200
		机器设备	40 000	0.6	240
		小计	440 000	—	1 440
合计			7 440 000	—	27 240

业务主管部门：　　　　审核：　　　　制表：

表5-27

无形资产摊销费用计算表

2024年2月　　　　金额单位：元

项目	无形资产名称	原值	月摊销率（%）	月摊销额
基本生产车间	专利技术	350 000	0.8	2 800
行政管理部门	用友财务软件	300 000	1	3 000
销售部门	悟空CRM销售系统	200 000	1	2 000
合计		850 000	—	7 800

业务主管部门：　　　审核：　　　制表：

表5-28

外购水费分配表

2024年2月　　　　金额单位：元

分配对象		外购动力费用（3元/吨）	
		耗用量（吨）	金额
基本生产车间	内齿轮	12 400	37 200
	外齿轮	34 500	103 500
	一般耗用	13 620	40 860
	合计	60 520	181 560
辅助生产车间	维修车间	2 400	7 200
	供电车间	800	2 400
管理费用		3 280	9 840
销售费用		1 450	4 350
合计		68 450	205 350

业务主管部门：　　　审核：　　　制表：

表5-29

办公费用及其他费用分配表

2024年2月　　　　单位：元

分配对象		成本费用项目	金额	小计
基本生产车间		办公费	5 000	5 800
		其他	800	
辅助生产车间	供电车间	办公费	3 000	3 500
		其他	500	
	维修车间	办公费	2 800	3 100
		其他	300	
行政管理部门		办公费	8 000	10 000
		其他	2 000	
销售部门		办公费	3 000	4 000
		其他	1 000	
合计			26 400	26 400

业务主管部门：　　　审核：　　　制表：

表5-30　　辅助生产费用分配表（计划成本分配法）

2024年2月　　金额单位：元

项目		供电车间（计划单位成本1.2元）		维修车间（计划单位成本4.2元）		按计划成本分配转入合计
		供电数量	分配金额	维修数量	分配金额	
辅助生产成本	供电车间			500	2 100	2 100
	维修车间	1 000	1 200			1 200
	小计	1 000	1 200	500	2 100	3 300
基本生产成本	内齿轮	30 100	36 120	10 000	42 000	78 120
	外齿轮	11 900	14 280	11 500	48 300	62 580
	小计	42 000	50 400	11 500	90 300	140 700
制造费用		1 800	2 160	6 000	25 200	27 360
管理费用		3 200	3 840	1 200	5 040	8 880
销售费用		2 800	3 360	800	3 360	6 720
按计划成本分配转出合计			60 960		126 000	186 960
待分配费用			61 370		126 630	188 000
分配转入费用			2 100		1 200	3 300
实际成本			63 470		127 830	191 300
成本差异			+2 510		+1 830	+4 340

业务主管部门：　　审核：　　制表：

表5-31　　制造费用分配表

车间名称：基本生产车间　　2024年2月　　金额单位：元

分配对象	生产工时	分配率	分配金额
内齿轮	25 000	3.2905	82 262.50
外齿轮	15 000		49 357.50
合计	40 000		131 620

业务主管部门：　　审核：　　制表：

表5-32

内齿轮成本计算单

2024年2月　　金额单位：元

项目		直接材料	燃料及动力	直接人工	制造费用	合计
月初在产品成本		164 000	3 075	29 470	3 600	200 145
本月发生费用		169 291.73	115 320	123 062.50	82 262.50	489 936.73
合计		333 291.73	118 395	152 532.50	85 862.50	690 081.73
产品产量	完工产品产量	2 830	2 830	2 830	2 830	—
	在产品约当产量	150	90	90	90	—
	合计	2 980	2 920	2 920	2 920	—
单位成本		111.84	40.55	52.24	29.40	234.03
完工产品成本		316 507.20	114 756.50	147 839.20	83 202	662 304.90
在产品成本		16 784.53	3 638.50	4 693.30	2 660.50	27 776.83

业务主管部门：　　审核：　　制表：

说明：燃料及动力要素包括水费、电费以及维修费用。

表5-33

外齿轮成本计算单

2024年2月　　金额单位：元

项目		直接材料	燃料及动力	直接人工	制造费用	合计
月初在产品成本		123 700	6 000	10 440	3 350	143 490
本月发生费用		130 708.27	166 080	73 837.50	49 357.50	419 983.27
生产费用合计		254 408.27	172 080	84 277.50	52 707.50	563 473.27
完工产品成本	定额费用（或工时）	444 000	106 560	106 560	106 560	—
	实际成本	243 445.20	168 439.39	82 498.75	51 596.35	545 979.69
分配率		0.5483	1.5807	0.7742	0.4842	—
在产品成本	定额费用（或工时）	20 000	2 300	2 300	2 300	—
	实际成本	10 963.07	3 640.61	1 778.75	1 111.15	17 493.58

业务主管部门：　　审核：　　制表：

表5-34

完工产品成本汇总表

2024年2月　　　　金额单位：元

成本项目 \ 产品名称	内齿轮（2 830件）		外齿轮（2 220件）	
	总成本	单位成本	总成本	单位成本
直接材料	316 507.20	111.84	243 445.20	109.66
燃料及动力	114 756.50	40.55	168 439.39	75.87
直接人工	147 839.20	52.24	82 498.75	37.16
制造费用	83 202	29.40	51 596.35	23.24
合计	662 304.90	234.03	545 979.69	245.93*

业务主管部门：　　　　审核：　　　　制表：

说明：*与直接计算（545 979.69÷2 220=245.94）存在误差，本结果采用的是（109.66+75.87+37.16+23.24=245.93）计算得出。

2.会计分录：

（1）分配材料费用：

借：生产成本——基本生产成本（内齿轮）　169 291.73
　　　　　——基本生产成本（外齿轮）　130 708.27
　　　　　——辅助生产成本（供电车间）　11 800
　　　　　——辅助生产成本（维修车间）　12 300
　　制造费用　6 500
　　管理费用　7 500
　贷：原材料——铸铁　165 600
　　　　　——铝　138 200
　　周转材料——低值易耗品　23 860
　　　　　——包装物　10 440

（2）分配人工费用：

借：生产成本——基本生产成本（内齿轮）　123 062.50
　　　　　——基本生产成本（外齿轮）　73 837.50
　　　　　——辅助生产成本（供电车间）　36 170
　　　　　——辅助生产成本（维修车间）　98 930
　　制造费用　38 100
　　管理费用　41 440
　　在建工程　79 300
　贷：应付职工薪酬——工资　490 840

（3）计提固定资产折旧费用：

借：制造费用　　10 200

　　生产成本——辅助生产成本（供电车间）　　7 500

　　　　　　——辅助生产成本（维修车间）　　5 100

　　管理费用　　3 000

　　销售费用　　1 440

　贷：累计折旧　　27 240

（4）计提无形资产累计摊销：

借：制造费用　　2 800

　　管理费用　　3 000

　　销售费用　　2 000

　贷：累计摊销　　7 800

（5）分配水费：

借：生产成本——基本生产成本（内齿轮）　　37 200

　　　　　　——基本生产成本（外齿轮）　　103 500

　　　　　　——辅助生产成本（维修车间）　　7 200

　　　　　　——辅助生产成本（供电车间）　　2 400

　　制造费用　　40 860

　　管理费用　　9 840

　　销售费用　　4 350

　贷：应付账款——自来水公司　　205 350

（6）分配办公费及其他费用：

借：制造费用　　5 800

　　生产成本——辅助生产成本（供电车间）　　3 500

　　　　　　——辅助生产成本（维修车间）　　3 100

　　管理费用　　10 000

　　销售费用　　4 000

　贷：银行存款　　26 400

（7）借：生产成本——基本生产成本（内齿轮）　　78 120

　　　　　　　　——基本生产成本（外齿轮）　　62 580

　　　　制造费用　　27 360

　　　　管理费用　　8 880

　　　　销售费用　　6 720

　　　　生产成本——辅助生产成本（供电车间）　　2 100

　　　　　　　　——辅助生产成本（维修车间）　　1 200

　　　贷：生产成本——辅助生产成本（供电车间）　　60 960

　　　　　　　　　——辅助生产成本（维修车间）　　126 000

借：管理费用　4 340

　贷：生产成本——辅助生产成本（供电车间）　2 510

　　　　　　——辅助生产成本（维修车间）　1 830

（8）借：生产成本——基本生产成本（内齿轮）　82 262.50

　　　　　　——基本生产成本（外齿轮）　49 357.50

　　贷：制造费用　131 620

（9）借：库存商品——内齿轮　662 304.90

　　　　　　——外齿轮　545 979.69

　　贷：生产成本——基本生产成本（内齿轮）　662 304.90

　　　　　　——基本生产成本（外齿轮）　545 979.69

四、案例专栏

案例一　成本核算方法的选择

2022年7月份毕业的四名同学是一个班级的，他们毕业后很巧地在同一个城市找到了目前的工作。在“十一”国庆黄金周期间，大家聚在了一起谈起了各自所在的工作单位及所从事的工作。这四名同学的情况分别如下：

景刚：毕业后应聘到了“亚峰制药厂”，专门从事成本核算。该制药厂主要生产抗生素药类，每一种抗生素分片剂和胶囊，并且还有不同的剂量。

韩艳梅：毕业后应聘到了一家专门加工名牌服装的加工厂，用她的话说是“小手工作坊”（其实是一个不错的服装加工厂），该加工厂完全遵照品牌商的要求进行生产，纯订单式生产，但是对方对每一种及每一号码的服装都约定了一定的消耗定额。

闫登科：毕业后应聘到了“纺织厂”，该厂主要生产布，但是同时也经常销售一些纺好的棉纱，由于该纺织厂有着悠久的历史，所以有着较为完善的定额管理制度。

展示内容5-1

案例提示

付瑶：毕业后应聘到了一家“电动自行车厂”，该厂生产的电动自行车全部的生产零件都自己完成，质量很受消费者的信赖。

要求：结合上述四名同学的工作环境，你觉得他们在自己的工作岗位上使用哪些或哪种成本核算方法比较适合？

资料来源：耿慧敏，毕克如. 成本会计［M］. 北京：中国财政经济出版社，2016.

案例二　品种法的缺陷

我国目前的企业生产模式不断改革升级，虽然对我国经济提升做出巨大贡献，但随之而来的一系列问题也亟待解决。产品成本作为企业最重要的核算标准之一，基本的产品成本核算方法已经不能完全适配，因此想要对品种核算方法有更全面的认识，就必须对核算方法更进一步探索。并且，我国改革开放之初，大多倾向于机械、石油等重工业企业发展，重工业企业的成本核算方法以品种法为主。然而，随着产业模式的不断升级以及社会经济的不断发展，对产品成本核算方法进行更新，进一步探索以品种法为主的重工业企业的成本核算也是必需的。

展示内容5-2

案例提示

要求：结合所学知识、根据上述材料，你认为品种法有哪些缺陷？

资料来源：刘美辰，李雪．产品成本核算品种法应用探索［J］．合作经济与科技，2023（2）：145-147.

模块六　成本计算的分批法实训

一、实训目的

通过本模块实训，要求学生掌握分批法计算产品成本的基本原理，能够掌握典型分批法和简化分批法的成本核算方法以及各自的适用范围，并能熟练应用分批法完成企业成本的核算过程。通过该模块提升学生的理论应用能力和实际动手操作能力，训练实务操作技能。

本模块的思政目标为，帮助学生树立会计人员的职业认同感，同时提高学生独立思考、结合实际采用不同方法解决问题的能力。引导学生关注国家财经政策，承担起会计人员应有的社会责任。帮助学生树立爱岗敬业，服务国家、服务社会的意识。通过小组合作，培养学生团队合作意识、沟通协作能力。

二、理论知识点

（一）分批法的含义

产品成本计算的分批法，是指以产品的批别为产品成本计算对象，并以此设置生产成本明细账，归集、分配生产费用，计算产品成本的一种成本计算方法。

（二）分批法的特点

分批法的特点主要表现在以下三个方面：

1.产品成本计算对象按产品批别确定。

分批法是以产品的批别（订单、生产通知单）作为成本计算对象的。企业以批别（订单、生产通知单）组织生产，财会部门要按产品批别设置基本生产成本明细账，据以归集生产费用。

2.成本计算期与生产周期一致，与会计核算期不一致。

采用分批法计算产品成本的企业，为了简便又准确地计算各批别完工产品成本，在一般情况下，必须待到该批别产品全部完工后才计算该批产品成本。因此，各批别产品的成本计算期与生产周期保持一致，但是会计核算期是以月份为标准的，因此成本计算期与会计核算期不一致。

3.除特殊情况外，一般不需要在完工产品和月末在产品间分配生产费用。

在单件、小批生产的情况下，由于完工产品成本计算期与产品的生产周期一致，因而在月末计算产品成本时，一般不存在完工产品和月末在产品之间分配费用的问题。但如果批内产品有跨月陆续完工的情况，在月末计算成本时，一部分产品已完工，另一部分产品尚未完工，这时就有必要在完工产品和月末在产品之间分配费用，以便计算完工产品和月末在产品成本。

（三）分批法间接费用的分配

间接费用在各批次或各订单之间分配可选择采用“当月分配法”或“累计分配法”。

1.当月分配法

当月分配法是指分配间接费用（主要为制造费用）时，不论各批次或各订单产品是否完工，都要按当月分配率分配其应负担的间接费用。采用这种分配法，各月份月末间接费用明细账没有余额，未完工批次或订单也要按月结转间接费用。

分配计算公式如下：

$$间接费用分配率=\frac{当月发生的间接费用}{当月分配标准(工时)总数} \tag{6.1}$$

$$某产品分配的间接费用=该批产品当月发生的分配标准（工时）\times 间接费用分配率 \tag{6.2}$$

2.累计分配法

累计分配法是指分配间接费用时，只对当月完工的批次或订单按累计分配率进行分配，将未完工批次或订单的间接费用总额保留在间接费用明细账中不进行分配，但在各批产品成本计算单中要按月登记发生的工时，以便计算各月的累计分配率和在某批次产品完工时，按其累计工时汇总结转应负担的间接费用总额。

累计费用分配法计算公式如下：

$$该成本项目累计间接费用分配率=\frac{该成本项目累计间接费用}{全部产品累计生产工时} \tag{6.3}$$

$$\begin{matrix}该批次完工产品\\应分配的间接费用\end{matrix}=\begin{matrix}该批次完工\\产品累计生产工时\end{matrix}\times\begin{matrix}该成本项目累计\\间接费用分配率\end{matrix} \tag{6.4}$$

采用这种分配方法，间接费用明细账月末留有余额，完工批次或订单一次负担其间接费用，因此，可以简化成本核算工作。但是，如果各月份的间接费用水平相差悬殊，采用这种方法会影响到各月成本计算的准确性。

当月分配法和累计分配法的区别在于：

1.账户的设置和登记不同

采用当月分配法核算产品成本时，不必设置“生产成本——基本生产成本”账户；而采用累计分配法核算产品成本时，则必须设置基本生产成本明细账。同时，在两种方法下，各批别产品的生产成本明细账在登记间接生产费用时，也是有差别的。当月分配法不管是否有完工产品，均应登记各项间接费用，而累计分配法只在有完工产品时，才计算登记各项间接费用，否则，在各批别产品的生产成本明细账中只登记生产工时和直接费用。

2.间接费用的分配方法不同

采用当月分配法核算产品成本时，无论产品是否完工，各批产品应承担的间接费用均按月分配记入各批产品生产成本明细账中；而采用累计分配法核算产品成本时，各批产品应承担的间接费用先在基本生产成本明细账中累计，待到该批产品全部完工后，再根据计算出来的间接费用分配率将间接费用分配记入该批产品的生产成本明细账中。

3.账户对在产品的反映不同

采用当月分配法核算产品成本时，可以通过各批产品的生产成本明细账，反映出每批未完工的在产品成本；而采用累计分配法核算产品成本时，则不能在各批产品的生产成本明细账中反映关于在产品成本的资料。

4.适用的范围不同

当月分配法适用于产品生产周期较短的企业，在这些企业中，当月投产的产品当月基本上都可以完工，必须向大多数产品分配其应承担的间接费用。而累计分配法则适用于产品生产周期较长的企业，在这些企业中，月末未完工的产品批次较多，不必计算这些批次的产品成本，因此为了简化月末间接费用的分配工作，企业应采用累计分配法。

（四）分批法的成本计算程序

1.按批别（订单、生产通知单）开设基本生产成本明细账。

2.归集、分配生产费用，包括分配各项要素费用、编制要素费用分配表，归集和分配辅助生产费用、制造费用等。

3.结转完工产品成本。

三、实训内容

实训一　分批法实训

（一）实训所需条件

1.实训所需资料。

（1）企业基本情况。

朝阳市钢铁有限公司是辽宁省朝阳市一家加工制造企业，现设有一个基本生产车间和维修、供电两个辅助生产车间。基本生产车间根据客户订单小批生产圆柱齿轮与扇形齿轮两种产品，根据其生产特点和管理要求，两种产品都采用分批法计算产品成本。辅助生产车间为基本生产车间以及企业其他部门提供服务。该企业实行厂部一级成本核算体制。

2024年2月，朝阳市钢铁有限公司生产产品的批号有：

① Y01#圆柱齿轮20件，1月份投产，本月全部完工。

② S01#扇形齿轮15件，本月投产，本月完工5件。

③ Y02#圆柱齿轮30件，本月投产，本月完工20件，未完工10件，完工程度50%。

（2）企业成本核算的有关规定。

① 产品成本计算采用分批法，车间发生的制造费用采用当月分配法进行分配。

② 开设“生产成本”科目，对各生产车间发生的生产费用进行总分类核算；二级科目按“基本生产成本”和“辅助生产成本”开设；圆柱齿轮、扇形齿轮两种产品的成本计算单按产品生产批号开设；产品成本项目包括“直接材料”、“直接人工”、“燃料及动力”和“制造费用”。

③ 由于各辅助生产车间只生产一种产品（劳务），因此，各辅助生产车间发生的各项制造费用都不通过“制造费用”科目核算。

④ S01#扇形齿轮完工数量较少，按计划成本结转。每件计划成本142元，其中直接材料80元，直接人工35元，燃料及动力费用12元，制造费用15元。

⑤ Y02#圆柱齿轮采用约当产量法分配完工产品和月末在产品成本，原材料在生产开始时一次性投入。

⑥ 生产工人工资费用按实际生产工时比例分配。

⑦ 基本生产车间发生的制造费用采用当月分配率进行分配。

⑧ 辅助生产车间发生的费用采用直接分配法分配。

⑨ 采用通用记账凭证格式。

⑩ 企业的账务处理程序采用科目汇总表账务处理程序。

（3）其他资料。

①朝阳市钢铁有限公司2024年2月月初在产品成本资料见表6-1。

表6-1　**月初在产品成本资料**

2024年2月　　金额单位：元

批号	产品名称	批量（件）	直接材料	燃料及动力	直接人工	制造费用
Y01#	圆柱齿轮	300	6 300	1 800	5 400	2 700

②该企业2024年2月生产工人实际生产工时见表6-2。

表6-2 **本月实际生产工时**

2024年2月 单位：小时

产品批次	实际生产工时
Y01#	1 200
S01#	800
Y02#	3 000

③该企业2024年2月辅助生产车间提供产品（劳务）情况见表6-3。

表6-3 **辅助生产车间提供产品（劳务）明细表**

2024年2月

辅助生产车间受益部门		供电车间（度）	维修车间（工时）
供电车间		—	280
维修车间		350	—
基本生产车间	Y01#	4 000	—
	S01#	2 600	—
	Y02#	640	—
	一般性耗用	300	1 550
行政管理部门		280	300
销售部门		180	150
合计		8 350	2 280

（4）该企业2024年2月生产过程中发生的各项费用及有关的原始凭证如下：

①本月发生直接材料（不锈钢、铸铁）费用分配见表6-4、表6-5（原始领料单略）。

表6-4 **材料费用分配表（不锈钢）**

2024年2月 单位：元

分配对象		成本费用项目	金额
基本生产车间	Y01#	直接材料	7 200
	S01#	直接材料	19 200
	Y02#	直接材料	28 800
	小计		55 200
	一般耗用	材料费	2 400
辅助生产车间	供电车间	材料费	2 160
	维修车间	材料费	1 800
	小计		3 960
行政管理部门		材料费	1 200
合计			62 760

表6-5

材料费用分配表（铸铁）

2024年2月

单位：元

分配对象		成本费用项目	金额
基本生产车间	Y01#	直接材料	2 400
	S01#	直接材料	6 400
	Y02#	直接材料	960
	小计		9 760
	一般耗用	材料费	800
辅助生产车间	供电车间	材料费	720
	维修车间	材料费	600
	小计		1 320
行政管理部门		材料费	400
合计			12 280

②本月发生的工资费用见表6-6。

表6-6

工资结算汇总表

2024年2月

单位：元

部门		应付标准工资	奖金	津贴和补贴		加班加点工资	特殊情况下支付的工资		应付工资	代扣款项			实发工资
				岗位津贴	副食补贴		病假	探亲		医药费	房租	小计	
基本生产车间	生产工人	60 000	8 915	9 825	2 560	3 400	300	0	85 000	6 000	0	6 000	79 000
	管理人员	9 806	650	2 100	624	820	0	1 000	15 000	70	1 500	1 570	13 430
供电车间		6 780	620	600	380	900	0	0	9 280	80	0	80	9 200
维修车间		7 960	610	630	310	110	0	0	9 620	30	0	30	9 590
行政管理部门		8 727	584	570	330	989	0	800	12 000	300	3 000	3 300	8 700
合计		93 273	11 379	13 725	4 204	6 219	300	1 800	130 900	6 480	4 500	10 980	119 920

2.实训需要真实的通用记账凭证8张，活页式生产成本明细账5张，活页式制造费用明细账1张，数量金额式明细账3张，凭证封皮1张。实训还需剪刀、直尺、胶水、印台、计算器、档案袋、装订线、装订机等工具。

（二）实训要求

1.编制费用分配表并根据本月发生的各项费用分配表（参考格式见表6–7至表6–10）填制记账凭证。

2.根据审核无误的记账凭证登记相关的总账和明细账以及各批产品成本计算单（参考格式见表6–11至表6–13）。

3.计算各批完工产品的成本，编制完工产品成本汇总表（参考格式见表6–14），并编制完工产品验收入库的记账凭证。

4.计算的中间结果保留四位小数，最终结果保留两位小数。

5.实训中所用到的记账凭证、账页的格式，请参见实际工作中所用的、真实的凭证与账页，这里从略。

表6–7　**材料费用分配汇总表**

2024年2月　　单位：元

分配对象		成本费用项目	金额
基本生产车间	Y01#	直接材料	
	S01#	直接材料	
	Y02#	直接材料	
	小计		
	一般耗用	材料费	
辅助生产车间	供电车间	材料费	
	维修车间	材料费	
	小计		
行政管理部门		材料费	
合计			

表6–8　**生产工时及人工费用分配表**

2024年2月　　金额单位：元

分配对象			生产工时（小时）	人工费用	分配率	分配金额
基本生产车间	生产工人	Y01#				
		S01#				
		Y02#				
	管理人员					
辅助生产车间	供电车间					
	维修车间					
行政管理部门						
合计						

表6-9　　**辅助生产费用分配表（直接分配法）**

2024年2月　　金额单位：元

<table>
<tr><th rowspan="4">辅助生产车间</th><th rowspan="4">应分配费用</th><th rowspan="4">分配数量</th><th rowspan="4">分配率</th><th colspan="12">分配额</th></tr>
<tr><th colspan="8">基本生产车间</th><th colspan="2">行政管理部门</th><th colspan="2">销售部门</th></tr>
<tr><th colspan="2">Y01#</th><th colspan="2">S01#</th><th colspan="2">Y02#</th><th colspan="2">一般耗用</th><th rowspan="2">数量</th><th rowspan="2">金额</th><th rowspan="2">数量</th><th rowspan="2">金额</th></tr>
<tr><th>数量</th><th>金额</th><th>数量</th><th>金额</th><th>数量</th><th>金额</th><th>数量</th><th>金额</th></tr>
<tr><td>供电车间</td><td></td><td></td><td></td><td></td><td></td><td></td><td></td><td></td><td></td><td></td><td></td><td></td><td></td><td></td><td></td></tr>
<tr><td>维修车间</td><td></td><td></td><td></td><td></td><td></td><td></td><td></td><td></td><td></td><td></td><td></td><td></td><td></td><td></td><td></td></tr>
<tr><td>合计</td><td></td><td></td><td></td><td></td><td></td><td></td><td></td><td></td><td></td><td></td><td></td><td></td><td></td><td></td><td></td></tr>
</table>

表6-10　　**基本生产车间制造费用分配表**

2024年2月　　金额单位：元

分配对象	分配标准（生产工时）	分配率	金额
Y01#圆柱齿轮			
S01#扇形齿轮			
Y02#圆柱齿轮			
合计			

表6-11　　**圆柱齿轮成本计算单**

产品批号：Y01#　　产品名称：　　投产日期：

订货单位：　　产品批量：　　完工日期：

完工数量：　　单位：元

项目	直接材料	直接人工	燃料及动力	制造费用	合计
月初在产品成本					
本月生产费用					
生产费用合计					
完工产品成本					
完工产品单位成本					

表6-12　　**扇形齿轮成本计算单**

产品批号：S01#　　产品名称：　　投产日期：

订货单位：　　产品批量：　　完工日期：

完工数量：　　单位：元

项目	直接材料	直接人工	燃料及动力	制造费用	合计
本月生产费用					
生产费用合计					
完工产品成本					
月末在产品成本					

表6-13　　**圆柱齿轮成本计算单**

产品批号：Y02#　　产品名称：　　投产日期：

订货单位：　　产品批量：　　完工日期：

完工数量：　　单位：元

项目		直接材料	直接人工	燃料及动力	制造费用	合计
本月生产费用						
生产费用合计						
约当总产量	完工产品产量					
	月末在产品约当产量					
	合计					
单位产品成本						
完工产品成本						
月末在产品成本						

表6-14　　**完工产品成本汇总表**

2024年2月　　金额单位：元

产品批次	产量（件）	直接材料	直接人工	燃料与动力	制造费用	合计
Y01#圆柱齿轮						
S01#扇形齿轮						
Y02#圆柱齿轮						
合计						

（三）实训组织方法及步骤

本实训安排在相关理论知识讲授完之后进行，在实训指导教师的指导下，由学生本人独立完成。学生以班级为单位统一到会计手工模拟实验室进行实训。实训前要求学生对相关知识进行预习，特别是要对基础会计中的有关记账凭证的编制和账簿登记的规定进行复习。实训的具体步骤如下：

1. 开设相关的总账和明细账以及各批产品成本计算单，并将有关的期初余额登记到相关账簿以及各批产品成本计算单中。

2. 根据本月发生各项费用的原始凭证编制各项费用分配表。

3. 根据各项费用的原始凭证以及各项费用分配表编制记账凭证。

4. 学生两人一组，互相对所填制的记账凭证进行审核。

5. 根据审核无误的记账凭证登记相关明细账以及成本计算单。

6. 将汇集到成本计算单中的各项费用进行汇总并进行分配，计算出完工产品的成本，编制完工产品成本汇总表，并进行完工产品验收入库的账务处理，编制记账凭证。

7. 学生两人一组，互相对所填制的记账凭证进行审核。

8. 根据审核无误的记账凭证登记有关明细账。

9. 根据审核无误的记账凭证编制科目汇总表。

10. 根据科目汇总表登记有关总账。

实训结束后学生应将完成的各种资料转入配发的档案袋中，上交实训指导教师。

本实训计划安排2个学时。

（四）实训参考答案

1. 自制原始凭证见表6-15至表6-22：

表6-15　**材料费用分配汇总表**

2024年2月　单位：元

分配对象		成本费用项目	金额
基本生产车间	Y01#	直接材料	9 600
	S01#	直接材料	25 600
	Y02#	直接材料	29 760
	小计		64 960
	一般耗用	材料费	3 200
辅助生产车间	供电车间	材料费	2 880
	维修车间	材料费	2 400
	小计		5 280
行政管理部门		材料费	1 600
合计			75 040

表6-16　　**生产工时及人工费用分配表**

2024年2月　　金额单位：元

分配对象			生产工时（小时）	人工费用	分配率	分配金额
基本生产车间	生产工人	Y01#	1 200	85 000	17	20 400
		S01#	800			13 600
		Y02#	3 000			51 000
	管理人员			15 000		15 000
辅助生产车间	供电车间			9 280		9 280
	维修车间			9 620		9 620
行政管理部门				12 000		12 000
合计				130 900		130 900

表6-17　　**辅助生产费用分配表（直接分配法）**

2024年2月　　金额单位：元

辅助生产车间	应分配费用	分配数量	分配率	分配额											
				基本生产车间								行政管理部门		销售部门	
				Y01#		S01#		Y02#		一般耗用					
				数量	金额	数量	金额	数量	金额	数量	金额	数量	金额	数量	金额
供电车间	12 160	8 000	1.52	4 000	6 080	2 600	3 952	640	972.8	300	456	280	425.6	180	273.6
维修车间	12 020	2 000	6.01							1 550	9 315.5	300	1 803	150	901.5
合计	24 180	—	—	4 000	6 080	2 600	3 952	640	972.8	—	9 771.5	—	2 228.6	—	1 175.1

表6-18　　**基本生产车间制造费用分配表**

2024年2月　　金额单位：元

分配对象	分配标准（生产工时）	分配率	金额
Y01#圆柱齿轮	1 200	5.5943	6 713.16
S01#扇形齿轮	800		4 475.44
Y02#圆柱齿轮	3 000		16 782.90
合计	5 000		27 971.50

表6-19　　**圆柱齿轮成本计算单**

产品批号：Y01#　　产品名称：圆柱齿轮　　投产日期：1月

订货单位：　　产品批量：20件　　完工日期：2月29日

完工数量：20件　　单位：元

项目	直接材料	直接人工	燃料及动力	制造费用	合计
月初在产品成本	6 300	1 800	5 400	2 700	16 200
本月生产费用	9 600	20 400	6 080	6 713.16	42 793.16
生产费用合计	15 900	22 200	11 480	9 413.16	58 993.16
完工产品成本	15 900	22 200	11 480	9 413.16	5 8993.16
完工产品单位成本	795	1 110	574	470.658	2 949.658

表6-20　　**扇形齿轮成本计算单**

产品批号：S01#　　产品名称：扇形齿轮　　投产日期：2月

订货单位：　　产品批量：50件　　完工日期：2月24日

完工数量：5件　　单位：元

项目	直接材料	直接人工	燃料及动力	制造费用	合计
本月生产费用	25 600	13 600	3 952	4 475.44	47 627.44
生产费用合计	25 600	13 600	3 952	4 475.44	47 627.44
完工产品成本	400	175	60	75	710
月末在产品成本	25 200	13 425	3 892	4 400.44	46 917.44

表6-21　　**圆柱齿轮成本计算单**

产品批号：Y02#　　产品名称：圆柱齿轮　　投产日期：2月

订货单位：　　产品批量：30件　　完工日期：2月28日

完工数量：20件　　单位：元

项目		直接材料	直接人工	燃料及动力	制造费用	合计
本月生产费用		29 760	51 000	972.80	16 782.90	98 515.70
生产费用合计		29 760	51 000	972.80	16 782.90	98 515.70
约当总产量	完工产品产量	20	20	20	20	20
	月末在产品约当产量	10	5	5	5	—
	合计	30	25	25	25	—
单位产品成本		992	2 040	38.912	671.316	3 742.228
完工产品成本		19 840	40 800	778.24	13 426.32	74 844.56
月末在产品成本		9 920	10 200	194.56	3 356.58	23 671.14

表6-22　　**完工产品成本汇总表**

2024年2月　　金额单位：元

产品批次	产量（件）	直接材料	直接人工	燃料及动力	制造费用	合计
Y01#圆柱齿轮	20件	15 900	22 200	11 480	9 413.16	58 993.16
Y02#圆柱齿轮	20件	19 840	40 800	778.24	13 426.32	74 844.56
小计	40件	35 740	63 000	12 258.24	22 839.48	133 837.72
S01#扇形齿轮	5件	400	175	60	75	710
合计	—	36 140	63 175	12 318.24	22 914.48	134 547.72

2.会计分录：

(1) 借：生产成本——基本生产成本（Y01#） 9 600
——基本生产成本（S01#） 25 600
——基本生产成本（Y02#） 29 760
——辅助生产成本（供电车间） 2 880
——辅助生产成本（维修车间） 2 400
制造费用 3 200
管理费用 1 600
贷：原材料——不锈钢 62 760
——铸铁 12 280

(2) 借：生产成本——基本生产成本（Y01#） 20 400
——基本生产成本（S01#） 13 600
——基本生产成本（Y02#） 51 000
——辅助生产成本（供电车间） 9 280
——辅助生产成本（维修车间） 9 620
制造费用 15 000
管理费用 12 000
贷：应付职工薪酬——工资 130 900

(3) 借：生产成本——基本生产成本（Y01#） 6 080
——基本生产成本（S01#） 3 952
——基本生产成本（Y02#） 972.80
制造费用 9 771.50
管理费用 2 228.60
销售费用 1 175.10
贷：生产成本——辅助生产成本（供电车间） 12 160
——辅助生产成本（维修车间） 12 020

(4) 借：生产成本——基本生产成本（Y01#） 6 713.16
——基本生产成本（S01#） 4 475.44
——基本生产成本（Y02#） 16 782.90
贷：制造费用 27 971.50

(5) 借：库存商品——圆柱齿轮 133 837.72
——扇形齿轮 710
贷：生产成本——基本生产成本（Y01#） 58 993.16
——基本生产成本（S01#） 710
——基本生产成本（Y02#） 74 844.56

实训二　简化分批法实训

(一) 实训所需条件

1.实训所需资料。

(1) 企业基本情况。

朝阳市钢铁有限公司是辽宁省朝阳市一家加工制造企业，现设有一个基本生产车间和维修、供电两个辅助生产车间。基本生产车间根据客户订单小批生产圆柱齿轮与扇形齿轮两种产品，两种产品采用简化分批法计算产品成本。辅助生产车间为基本生产车间以及企业其他部门提供服务。该企业实行厂部一级成本核算体制。

2024年3月，朝阳市钢铁有限公司各批别产品投产及完工情况见表6-23。

表6-23　**各批别产品投产及完工情况**

2024年3月　数量单位：件

批号	产品名称	投产批量	投产日期	2月份完工数量	3月份完工情况
Y01#	圆柱齿轮	100	2月6日	10	3月24日全部完工
S01#	扇形齿轮	70	2月9日	—	本月完工60件
Y02#	圆柱齿轮	120	3月5日	—	本月完工20件
S02#	扇形齿轮	50	3月14日	—	本月未完工

(2) 企业成本核算的有关规定。

① 产品成本计算采用分批法，车间发生的制造费用采用累计费用分配法进行分配。

② 开设“生产成本”账户，对各生产车间发生的生产费用进行总分类核算；二级账户按“基本生产成本”和“辅助生产成本”开设；圆柱齿轮、扇形齿轮两种产品的成本计算单按产品生产批号开设；产品成本项目包括“直接材料”、“直接人工”和“制造费用”。

③ 由于各辅助生产车间只生产一种产品（劳务），因此，各辅助生产车间发生的各项制造费用都不通过“制造费用”科目核算。

④ 开设“制造费用”总分类账户用以核算基本生产车间发生的制造费用，账内按费用项目设立专栏，制造费用明细账采用多栏式明细账格式。

⑤ 所有批次的产品，原材料均在投产当月一次性投入，基本生产车间发生的制造费用采用累计分配率分配法进行分配。

⑥ 采用通用记账凭证格式。

⑦ 企业的账务处理程序采用科目汇总表账务处理程序。

(3) 月初在产品及完工产品相关资料。

①月初在产品成本构成情况见表6-24。

表6-24　　月初在产品生产工时成本构成

2024年3月　　单位：小时

批号	产品名称	在产品（件）	直接材料	直接人工	制造费用	合计
Y01#	圆柱齿轮	90	45 000	4 950	2 070	52 020
S01#	扇形齿轮	70	42 000	7 700	3 220	52 920
合计	—	—	87 000	12 650	5 290	104 940

②月初在产品工时记录见表6-25。

表6-25　　月初在产品生产工时

2024年3月　　单位：小时

产品批次	产品名称	实际生产工时
Y01#	圆柱齿轮	900
S01#	扇形齿轮	1 400
合计	—	2 300

（4）本月完工产品工时的计算。

① Y01#圆柱齿轮本月全部完工，完工产品生产工时按实际工时确定。

② S01#扇形齿轮和Y02#圆柱齿轮本月完工产品工时按定额工时确定：S01#扇形齿轮完工产品的工时定额为40小时/件；Y02#圆柱齿轮完工产品的工时定额为20小时/件。

（5）工资费用的计算。

① 工资费用按50元/工时计算，福利费用按工资的10%计算。

② 基本生产车间管理人员工资为25 000元，行政管理部门人员工资为15 000元。

（6）基本生产成本二级账和各批次产品生产成本明细账2024年3月月初余额见表6-26至表6-28。

表6-26　　生产成本二级账

生产单位：基本生产车间　　金额单位：元

2024年		凭证字号	摘要	生产工时（小时）	直接材料	直接人工	制造费用	合计
月	日							
2	29	略	月末在产品成本	2 300	87 000			
3	31	略	本月生产费用合计					
3	31	略	累计生产成本					
3	31	略	累计间接费用分配率					
3	31	略	结转完工产品成本					
3	31	略	月末在产品成本					

表6-27 **生产成本——基本生产成本明细账**

批号：Y01# 产品名称：圆柱齿轮 金额单位：元

2024年		凭证字号	摘要	生产工时（小时）	直接材料	直接人工	制造费用	合计
月	日							
2	29	略	月末在产品成本	900	45 000			
3	31	略	本月生产费用合计					
3	31	略	累计生产成本					
3	31	略	累计间接费用分配率					
3	31	略	结转完工产品成本					
3	31	略	月末在产品成本					

表6-28 **生产成本——基本生产成本明细账**

批号：S01# 产品名称：扇形齿轮 金额单位：元

2024年		凭证字号	摘要	生产工时（小时）	直接材料	直接人工	制造费用	合计
月	日							
2	29	略	月末在产品成本	1 400	42 000			
3	31	略	本月生产费用合计					
3	31	略	累计生产成本					
3	31	略	累计间接费用分配率					
3	31	略	结转完工产品成本					
3	31	略	月末在产品成本					

（7）朝阳市钢铁有限公司2024年3月生产过程中发生的各项费用及有关的原始凭证见表6-29至6-33。

表6-29 **材料费用分配表**

2024年3月 单位：元

领料部门		用途	铁粉	铝粉
基本生产车间	Y02#	产品用	40 000	20 000
	S02#	产品用	18 000	12 000
	小计		58 000	32 000
	一般耗用	机物料消耗	2 500	1 500
行政管理部门		焊制门窗	1 150	
合 计			61 650	33 500

表6-30 **生产工时记录表**

2024年3月 单位：小时

批号	产品名称	工时
Y01#	圆柱齿轮	1 000
S01#	扇形齿轮	1 400
Y02#	圆柱齿轮	1 500
S02#	扇形齿轮	1 100
合计	—	5 000

表6-31 **固定资产折旧表**

2024年3月 金额单位：元

使用部门	固定资产名称	原值	月折旧率（%）
基本生产车间	房屋建筑物	200 000	0.3
	机器设备	300 000	0.6
行政管理部门	房屋建筑物	100 000	0.3
	机器设备	40 000	0.6
合计		640 000	—

表6-32 **办公费及其他费用汇总表**

2024年3月 单位：元

使用对象	成本费用项目	金额
基本生产车间	办公费	7 500
	其他	2 820
行政管理部门	办公费	5 000
	其他	2 000
合计		17 320

表6-33 **外购动力（水）使用数量表**

2024年3月

使用对象	耗用量（吨）	单价（元/吨）
基本生产车间	2 500	4.72
行政管理部门	500	4.72
合计	3 000	—

2.实训需要真实的通用记账凭证7张，活页式生产成本明细账5张，多栏式明细账1张，凭证封皮1张。实训还需剪刀、直尺、胶水、印台、计算器、档案袋、装订线、装订机等工具。

（二）实训要求

1.编制费用分配表并根据本月发生的各项费用分配表（参照格式见表6-34至表6-39）填制记账凭证。

2.计算各批完工产品的成本，编制完工产品成本汇总表（参照格式见表6-40），并编制完工产品验收入库的记账凭证。

3.运用简化分批法核算各批次的完工产品成本计算单，并登记制造费用明细账、基本生产成本二级账和各批次产品生产成本明细账（参照格式见表6-41至表6-46）。

4.计算的中间结果保留四位小数，最终结果保留两位小数。

5.实训中所用到的记账凭证、账页的格式，请参见实际工作中所用的、真实的凭证与账页，这里从略。

表6-34　**材料费用分配表**

2024年3月　单位：元

<table>
<tr><th colspan="2">分配对象</th><th>成本项目</th><th>金额</th></tr>
<tr><td rowspan="4">基本生产车间</td><td>Y02#</td><td>直接材料</td><td></td></tr>
<tr><td>S02#</td><td>直接材料</td><td></td></tr>
<tr><td colspan="2">小计</td><td></td></tr>
<tr><td>一般耗用</td><td>材料费</td><td></td></tr>
<tr><td colspan="2">行政管理部门</td><td>材料费</td><td></td></tr>
<tr><td colspan="3">合 计</td><td></td></tr>
</table>

表6-35　**工资费用分配表**

2024年3月　金额单位：元

<table>
<tr><th colspan="2">分配对象</th><th>成本项目</th><th>工时</th><th>工资
（50元/工时）</th><th>福利费（按工资10%计算）</th><th>合计</th></tr>
<tr><td rowspan="6">基本生产车间</td><td>Y01#</td><td>直接人工</td><td></td><td></td><td></td><td></td></tr>
<tr><td>S01#</td><td>直接人工</td><td></td><td></td><td></td><td></td></tr>
<tr><td>Y02#</td><td>直接人工</td><td></td><td></td><td></td><td></td></tr>
<tr><td>S02#</td><td>直接人工</td><td></td><td></td><td></td><td></td></tr>
<tr><td colspan="2">小计</td><td></td><td></td><td></td><td></td></tr>
<tr><td>管理人员</td><td>工资</td><td></td><td></td><td></td><td></td></tr>
<tr><td colspan="2">行政管理部门</td><td>工资</td><td></td><td></td><td></td><td></td></tr>
<tr><td colspan="3">合计</td><td></td><td></td><td></td><td></td></tr>
</table>

表6-36　**固定资产折旧计算表**

2024年3月　金额单位：元

分配对象	固定资产名称	原值	月折旧率（%）	月折旧额
基本生产车间	房屋建筑物			
	机器设备			
行政管理部门	房屋建筑物			
	机器设备			
合计			—	

表6-37　**办公费及其他费用分配表**

2024年3月　单位：元

分配对象	办公费	其他	合计
基本生产车间			
行政管理部门			
合计			

注：以上办公费用及其他费用已经通过银行存款支付。

表6-38　**外购动力（水）费用分配表**

2024年3月

分配对象	耗用量（吨）	单价（元/吨）	金额（元）
基本生产车间			
行政管理部门			
合计			

注：以上外购动力（水）费用已经通过银行存款支付。

表6-39　**基本生产车间制造费用分配表**

2024年3月　金额单位：元

分配对象	批号	成本项目	分配标准（生产工时）	分配率	金额
基本生产车间	Y01#	制造费用			
	S01#	制造费用			
	Y02#	制造费用			
	S02#	制造费用			
合计		—		—	

注：制造费用按各批次产品的生产工时分配。

表6-40　**完工产品成本汇总表**

2024年3月　金额单位：元

批号	产品名称	产量（件）	直接材料	直接人工	制造费用	合计
Y01#	圆柱齿轮	90				
S01#	扇形齿轮	60				
Y02#	圆柱齿轮	20				
合计		—				

表6-41　**制造费用明细账**　单位：元

2024年		凭证字号	摘要	材料费	人工费	折旧费	水费	办公费及其他	合计
月	日								
3	31	略	材料费用分配表						
3	31	略	工资及福利分配表						
3	31	略	计提折旧						
3	31	略	水费						
3	31	略	办公费及其他						
3	31	略	合计						
3	31	略	结转制造费用						

表6-42　**生产成本——基本生产成本**

生产单位：基本生产车间　金额单位：元

2024年		凭证字号	摘要	生产工时（小时）	直接材料	直接人工	制造费用	合计
月	日							
2	29	略	月末在产品成本					
3	31	略	本月生产费用合计					
3	31	略	累计生产成本					
3	31	略	累计间接费用分配率					
3	31	略	结转完工产品成本					
3	31	略	月末在产品成本					

表6-43

生产成本——基本生产成本明细账

产品名称：圆柱齿轮　　批号：Y01#　　批量件数：100件
投产日期：2月6日　　已完工数量：10件　　本月完工数量：90件
在产品数量：0　　金额单位：元

2024年		凭证字号	摘要	生产工时（小时）	直接材料	直接人工	制造费用	合计
月	日							
2	29	略	月末在产品成本					
3	31	略	本月生产费用合计					
3	31	略	累计生产成本					
3	31	略	累计间接费用分配率					
3	31	略	结转完工产品成本					

表6-44

生产成本——基本生产成本明细账

产品名称：扇形齿轮　　批号：S01#　　批量件数：70件
投产日期：2月9日　　已完工数量：0　　本月完工数量：60件
在产品数量：10件　　金额单位：元

2024年		凭证字号	摘要	生产工时（小时）	直接材料	直接人工	制造费用	合计
月	日							
2	29	略	月末在产品成本					
3	31	略	本月生产费用合计					
3	31	略	累计生产成本					
3	31	略	累计间接费用分配率					
3	31	略	结转完工产品成本					
3	31	略	月末在产品成本					

表6-45

生产成本——基本生产成本明细账

产品名称：圆柱齿轮　　批号：Y02#　　批量件数：120件
投产日期：3月5日　　已完工数量：0　　本月完工数量：20件
在产品数量：100件　　金额单位：元

2024年		凭证字号	摘要	生产工时（小时）	直接材料	直接人工	制造费用	合计
月	日							
3	31	略	本月生产费用合计					
3	31	略	累计生产成本					
3	31	略	累计间接费用分配率					
3	31	略	结转完工产品成本					
3	31	略	月末在产品成本					

表6-46　　生产成本——基本生产成本明细账

产品名称：扇形齿轮　　批号：S02#　　批量件数：50件

投产日期：3月14日　　已完工数量：0　　本月完工数量：0

在产品数量：50件　　金额单位：元

2024年		凭证字号	摘要	生产工时（小时）	直接材料	直接人工	制造费用	合计
月	日							
3	31	略	本月生产费用合计					

（三）实训组织方法及步骤

本实训安排在相关理论知识讲授完之后进行，在实训指导教师的指导下，由学生本人独立完成。学生以班级为单位统一到会计手工模拟实验室进行实训。实训前要求学生对相关知识进行预习，特别是要对基础会计中的有关记账凭证的编制和账簿登记的规定进行复习。实训的具体步骤如下：

1.根据本月发生各项费用的原始凭证编制各项费用分配表。

2.设置基本生产成本二级账和产品生产成本明细账，并登记有关账簿。

3.根据记账凭证登记相关成本明细账，其中直接计入费用直接记入各批次产品的明细账中，间接计入费用先登记生产成本二级账。

4.根据本月生产成本二级账中累计的间接计入费用和生产工时，计算本月间接计入费用分配率。

5.分配结转本月完工产品应负担的间接计入费用，并进行完工产品验收入库的账务处理，编制记账凭证。

6.学生两人一组，互相对所填制的记账凭证进行审核。

7.根据审核无误的记账凭证登记有关明细账。

8.根据审核无误的记账凭证编制科目汇总表。

9.根据科目汇总表登记有关总账。

实训结束后学生应将完成的各种资料转入配发的档案袋中，上交实训指导教师。

本实训计划安排2个学时。

（四）实训参考答案

1.自制原始凭证见表6-47至表6-59：

表6-47　**材料费用分配表**

2024年3月　单位：元

分配对象		成本项目	金额
基本生产车间	Y02#	直接材料	60 000
	S02#	直接材料	30 000
	小计		90 000
	一般耗用	材料费	4 000
行政管理部门		材料费	1 150
合　计			95 150

表6-48　**工资费用分配表**

2024年3月　金额单位：元

分配对象		成本项目	工时	工资（50元/工时）	福利费（按工资10%计提）	合计
基本生产车间	Y01#	直接人工	1 000	50 000	5 000	55 000
	S01#	直接人工	1 400	70 000	7 000	77 000
	Y02#	直接人工	1 500	75 000	7 500	82 500
	S02#	直接人工	1 100	55 000	5 500	60 500
	小计		5 000	250 000	25 000	275 000
	管理人员	工资		25 000	2 500	27 500
行政管理部门		工资		15 000	1 500	16 500
合计			5 000	290 000	29 000	319 000

表6-49　**固定资产折旧计算表**

2024年3月　金额单位：元

分配对象	固定资产名称	原值	月折旧率（%）	月折旧额
基本生产车间	房屋建筑物	200 000	0.3	600
	机器设备	300 000	0.6	1 800
行政管理部门	房屋建筑物	100 000	0.3	300
	机器设备	40 000	0.6	240
合计		640 000	—	2 940

表6-50 **办公费及其他费用分配表**

2024年3月 单位：元

分配对象	办公费	其他	合计
基本生产车间	7 500	2 820	10 320
行政管理部门	5 000	2 000	7 000
合计	12 500	4 820	17 320

表6-51 **外购动力（水）费用分配表**

2024年3月

分配对象	耗用量（吨）	单价（元/吨）	金额（元）
基本生产车间	2 500	4.72	11 800
行政管理部门	500	4.72	2 360
合计	3 000	4.72	14 160

表6-52 **基本生产车间制造费用分配表**

2024年3月 金额单位：元

<table>
<tr><th>分配对象</th><th>批号</th><th>成本项目</th><th>分配标准（生产工时）</th><th>分配率</th><th>金额</th></tr>
<tr><td rowspan="4">基本生产车间</td><td>Y01#</td><td>制造费用</td><td>1 000</td><td rowspan="4">11.2040</td><td>11 204</td></tr>
<tr><td>S01#</td><td>制造费用</td><td>1 400</td><td>15 685.60</td></tr>
<tr><td>Y02#</td><td>制造费用</td><td>1 500</td><td>16 806</td></tr>
<tr><td>S02#</td><td>制造费用</td><td>1 100</td><td>12 324.40</td></tr>
<tr><td colspan="2">合计</td><td>—</td><td>5 000</td><td></td><td>56 020</td></tr>
</table>

提示：按各批次产品的生产工时分配。

表6-53 **完工产品成本汇总表**

2024年3月 金额单位：元

批号	产品名称	产量（件）	直接材料	直接人工	制造费用	合计
Y01#	圆柱齿轮	90	45 000	74 867.79	15 957.34	135 825.13
S01#	扇形齿轮	60	36 000	94 569.84	20 156.64	150 726.48
Y02#	圆柱齿轮	20	10 000	15 761.64	3 359.44	29 121.08
合计		—	91 000	185 199.27	39 473.42	315 672.69

表6-54 **制造费用明细账** 单位：元

2024年 月	日	凭证字号	摘要	材料费	人工费	折旧费	水费	办公及其他	合计
3	31	略	材料费用分配表	4 000					
3	31	略	工资及福利分配表		27 500				
3	31	略	计提折旧			2 400			
3	31	略	水费				11 800		
3	31	略	办公费及其他					10 320	
3	31	略	合计	4 000	27 500	2 400	11 800	10 320	56 020
3	31	略	结转制造费用	4 000	27 500	2 400	11 800	10 320	56 020

表6-55 **生产成本——基本生产成本**

生产单位：基本生产车间 金额单位：元

2024年 月	日	凭证字号	摘要	生产工时（小时）	直接材料	直接人工	制造费用	合计
2	29	略	月末在产品成本	2 300	87 000	12 650	5 290	104 940
3	31	略	本月生产费用合计	5 000	90 000	275 000	56 020	421 020
3	31	略	累计生产成本	7 300	177 000	287 650	61 310	525 960
3	31	略	累计间接费用分配率			39.4041	8.3986	
3	31	略	结转完工产品成本	4 700	91 000	185 199.27	39 473.42	315 672.69
3	31	略	月末在产品成本	2 600	86 000	102 450.73	21 836.58	210 287.31

表6-56 **生产成本——基本生产成本明细账**

产品名称：圆柱齿轮 批号：Y01# 批量件数：100件

投产日期：2月6日 已完工数量：10件 本月完工数量：90件

在产品数量：0 金额单位：元

2024年 月	日	凭证字号	摘要	生产工时（小时）	直接材料	直接人工	制造费用	合计
2	29	略	月末在产品成本	900	45 000			
3	31	略	本月生产费用合计	1 000				
3	31	略	累计生产成本	1 900	45 000			
3	31	略	累计间接费用分配率			39.4041	8.3986	
3	31	略	结转完工产品成本	1 900	45 000	74 867.79	15 957.34	135 825.13

表6-57 **生产成本——基本生产成本明细账**

产品名称：扇形齿轮　批号：S01#　批量件数：70件

投产日期：2月9日　已完工数量：0　本月完工数量：60件

在产品数量：10件　金额单位：元

2024年		凭证字号	摘要	生产工时（小时）	直接材料	直接人工	制造费用	合计
月	日							
2	29	略	月末在产品成本	1 400	42 000			
3	31	略	本月生产费用合计	1 400				
3	31	略	累计生产成本	2 800	42 000			
3	31	略	累计间接费用分配率			39.4041	8.3986	
3	31	略	结转完工产品成本	2 400	36 000	94 569.84	20 156.64	150 726.48
3	31	略	月末在产品成本	400	6 000			

表6-58 **生产成本——基本生产成本明细账**

产品名称：圆柱齿轮　批号：Y02#　批量件数：120件

投产日期：3月5日　已完工数量：0　本月完工数量：20件

在产品数量：100件　金额单位：元

2024年		凭证字号	摘要	生产工时（小时）	直接材料	直接人工	制造费用	合计
月	日							
3	31	略	本月生产费用合计	1 500	60 000			
3	31	略	累计生产成本	1 500	60 000			
3	31	略	累计间接费用分配率			39.4041	8.3986	
3	31	略	结转完工产品成本	400	10 000	15 761.64	3 359.44	29 121.08
3	31	略	月末在产品成本	1 100	50 000			

表6-59 **生产成本——基本生产成本明细账**

产品名称：扇形齿轮　批号：S02#　批量件数：50件

投产日期：3月14日　已完工数量：0　本月完工数量：0

在产品数量：50件　金额单位：元

2024年		凭证字号	摘要	生产工时（小时）	直接材料	直接人工	制造费用	合计
月	日							
3	31	略	本月生产费用合计	1 100	30 000			

2. 会计分录：

（1）材料费用

借：生产成本——基本生产成本（Y02#）　　60 000
　　　　　　——基本生产成本（S02#）　　30 000
　　制造费用　　4 000
　　管理费用　　1 150
　贷：原材料——铁粉　　61 650
　　　　　　——铝粉　　33 500

根据以上分录，“生产成本——基本生产成本”总账登记金额为90 000元。

（2）工资费用

借：生产成本——基本生产成本（Y01#）　　55 000
　　　　　　——基本生产成本（S01#）　　77 000
　　　　　　——基本生产成本（Y02#）　　82 500
　　　　　　——基本生产成本（S02#）　　60 500
　　制造费用　　27 500
　　管理费用　　16 500
　贷：应付职工薪酬——工资　　290 000
　　　　　　　　　——福利费　　29 000

根据以上分录，“生产成本——基本生产成本”总账登记金额为275 000元。

（3）折旧费

借：制造费用　　2 400
　　管理费用　　540
　贷：累计折旧　　2 940

（4）办公费及其他费用

借：制造费用　　10 320
　　管理费用　　7 000
　贷：银行存款　　17 320

（5）外购水费

借：制造费用　　11 800
　　管理费用　　2 360
　贷：银行存款　　14 160

（6）分配制造费用

借：生产成本——基本生产成本（Y01#）　　11 204
　　　　　　——基本生产成本（S01#）　　15 685.60
　　　　　　——基本生产成本（Y02#）　　16 806
　　　　　　——基本生产成本（S02#）　　12 324.40
　贷：制造费用　　56 020

根据以上分录，“生产成本——基本生产成本”总账登记金额为56 020元。

（7）结转完工产品成本

借：库存商品——圆柱齿轮　　164 946.21

　　　　　　——扇形齿轮　　150 726.48

　贷：生产成本——基本生产成本（Y01#）　　135 825.13

　　　　　　　——基本生产成本（S01#）　　150 726.48

　　　　　　　——基本生产成本（Y02#）　　29 121.08

四、案例专栏

案例一　万兴建筑公司成本核算方法的变革

万兴建筑公司专门从事房屋建筑，是一家以质量著称的小型成功企业。最近，由于公司的创始人万老先生退休了，他将自己的生产交给了他的儿子万经理。万经理接手后便决定对公司进行变革，他认为公司应开拓顾客化住宅和非住宅建筑领域。当他开始考察该策略的可行性时，他在公司现行成本的计算方法上感到有些疑惑，他担心公司现行的成本计算方法不适应公司新的发展要求。因此，他与财务负责人张先生进行了讨论。万经理认为，公司过去所盖的住宅都基本相同。虽然在设计方面有一些小变化，但每套房子需要的工作和材料都基本相同，简单归集在建筑过程中发生的实际成本，再除以建筑的单元数，就可以算出每单元房子的成本。但是，如果进入顾客化住宅领域，原来的方法就不适用了。例如，顾客化住宅，要用不同的水泥工、木工，还可能要用较贵的材料，比如用水流按摩浴缸，而不用普通浴缸。这些房子在尺寸上也可能和原来的标准单元房差别很大，如果简单地用总建筑成本除以总建筑单元数，就没法得到各单元房的准确成本。所以，万经理认为，确实需要采用一个全新的方法来计算建筑成本。

展示内容6-1

案例提示

要求：万兴建筑公司当前的成本计算方法是否适应变革后公司的生产类型？成本计算方法是否需要改革？如果你是财务负责人张先生，你将会如何建议？

资料来源：汪祥耀，杨忠智．成本会计学［M］．北京：高等教育出版社，2015.

案例二　阿迪郎达克公司与分批成本法

作为1932年和1980年冬季奥运会的举办地，美国的普莱西德湖以景色美丽闻名于世。而阿迪郎达克旅行用品公司就位于普莱西德湖几千米以外。公司的主要业务是生产各种独木舟和渔船，成本计算采用分批成本法。

公司创始人梅格·威尔莫解释说：“我们的生产是根据批别来组织的。现在，我们正在生产木制上等独木舟和铝制上等渔船，这两种产品在美国东北部各州和加拿大东部都很畅销。”威尔莫指出，在生产过程中会用到大量机器，但所有机器都是手工操作，很多时候，一名员工能够同时操作几台机器。“我们在保持竞争力、机械化生产和手工生产之间努力维持一种平衡，从本质上说，我们是一个传统的小型工作坊。从数量上来看，每一批产量都相对较小，而且各批之间的差别非常大。木制独木舟和渔船之间几乎没有什么相似点。”当被问到他的公司为什么会取得成功时，威尔莫回答：“质量和价格。”

“在当今的商业环境中，无论你是制造独木舟还是生产计算机芯片，你都不得不制定有竞争力的价格。要以合理的价格为人们提供高质量的船或独木舟，我们就必须清楚产品的成本。既然每批产品相差很远，我们就根据批别来记录成本，如同所有制造业务一样，我们的成本也包括材料、人工和间接费用。对于每一批生产，我们都将这三种成本归集在一起，再除以这一批产品的数量，就得到产品的单位成本。”

展示内容6-2

案例提示

资料来源：希尔顿．管理会计学［M］．5版．阎达五，李勇，等译．北京：机械工业出版社，2003.

要求：

1.结合本例说明分批法的特点和具体适用范围。

2.结合本例说明成本计算与企业管理的关系。

模块七　成本计算的分步法实训

一、实训目的

通过对该模块的实训，掌握分步法计算产品成本的基本原理和成本计算程序，掌握逐步综合结转分步法、逐步分项结转分步法、平行结转分步法成本核算的流程，并能与成本核算账务处理系统相结合，培养学生的理论应用能力和实际动手操作能力，训练其实务操作技能。

本模块的思政目标为，帮助学生养成敬业、诚信的职业道德，引导学生关注国家财经政策，培养学生的法治意识和专业素养，激发会计人员的爱国情怀。引导学生关注行业动态、职业发展，培养学生深入研究本学科领域最新成果的学习习惯。帮助学生树立服务意识，坚守诚信底线。通过小组合作，培养学生团队合作意识、沟通协作能力。

二、理论知识点

（一）分步法的含义及分类

1.分步法的含义

分步法是以产品的生产步骤为成本计算对象归集生产费用、计算产品成本的一种方法。

在多步骤生产的企业里，从原材料投入生产到产成品制造完成要经过若干生产步骤，除最后一个步骤完工的产成品外，其余生产步骤完工的都是半成品。这些半成品可以用于以后的生产步骤继续加工或装配，也可以对外出售。为了进行各步骤的成本管理，不仅要求计算各种产品的成本，而且要求按照生产步骤来计算成本，即要求按各种产品及其所经过的各步骤来设计产品成本计算单，于月末定期进行成本计算。分步骤设置的各产品成本计算单中所归集的费用，要采用适当方法在完工产品和在产品之间进行分配，计算出完工产品成本和在产品成本。

2.分步法的分类

根据企业管理对各步骤所提供成本资料的要求不同和简化成本计算的要求，分步法在结转各步骤成本时，可以采用逐步结转和平行结转两种方式。

逐步结转分步法是按生产步骤逐步计算并结转半成品成本，直到最后步骤计算出产成品成本的方法。逐步结转分步法在成本管理上要求提供半成品成本数据，因此，又称为计算半成品成本的分步法。逐步结转法按照半成品成本在下一步骤成本计算单中反映的方式不同，又可分为综合结转法和分项结转法。

平行结转分步法是将各生产步骤应计入相同产成品成本的份额平行汇总，以求得产成品成本的方法。平行结转分步法在成本管理上不要求提供半成品成本数据，因此，又称为不计算半成品成本的分步法。

（二）分步法的特点

分步法的主要特点包括：

1.以产品品种和生产步骤为成本计算对象。

采用分步法计算产品成本时，其成本计算对象就是各种产品及其所经过的各个生产步骤，企业按照生产步骤归集分配生产费用。如果企业只生产一种产品，那么基本生产成本明细账按生产步骤设置，各步骤发生的生产费用直接记入该步骤的基本生产成本明细账中。如果企业生产多种产品，那么基本生产成本明细账应按各种产品的生产步骤设置。各步骤发生的生产费用如果是直接计入费用，则直接归集在各种产品的成本中；如果是间接计入费用，则需要按照一定的方法分配计入各种产品的成本中。

2.成本计算期与生产周期不一致，与会计核算期一致。

采用分步法计算产品成本的企业一般是大量、大批、多步骤生产的企业，在这些企业里，产品是经过多个步骤生产加工而成的。生产过程中，原材料被连续不断地投放，产品被陆陆续续地生产出来，在生产过程中始终存在着大量的完工产品和在产品，因此为了合理地计算各期的经营成果，产品成本计算一般按月进行，与会计核算期一致，与产品生产周期不一致。

3.生产费用一般需要在完工产品和在产品之间进行分配。

在大量、大批、多步骤生产的企业里，月末各生产步骤都存在大量的产成品和在产品，因此需要将各生产步骤的生产费用在产成品和在产品之间进行分配，从而计算出各种产成品或半成品以及月末在产品的成本。

（三）分步法的适用范围

采用分步法计算产品的生产成本，可以为企业提供每一种当月生产的产品中所包含的各生产步骤的成本，半成品、产成品成本以及处于各个生产步骤的月末在产品成本等成本信息资料。分步法的核算程序和提供成本信息的特点，决定了分步法的适用范围主要是大量、大批、多步骤生产且成本管理上要求分步核算的企业，具体来讲有以下几类：

1.半成品在管理上需要进行比较与考核的多步骤生产企业，如纺织、冶金、化肥等行业中的企业。

2.半成品可以转作几种产成品原料的企业，如机械、造纸等行业中的企业。

3.实行经济责任制的企业。在这类企业里因为经济责任的分析和考核，需要计算各步骤的半成品成本。

因此，在实际工作中，分步法按照产品的生产步骤计算成本，提供产品各步骤的生产成本资料，所以，在大量、大批、多步骤生产而且管理上又需要分步计算产品成本的企业中，无论其产品品种有多少，一般均可以采用。

（四）分步法的成本计算程序

1.逐步结转分步法的成本计算程序。

逐步结转分步法也称顺序结转分步法，它是按照产品加工顺序，逐步计算并结转各步骤半成品的成本，直至最后生产步骤计算出产成品成本的一种成本计算方法。该方法将生产产品所发生的各项费用依次按照生产步骤顺序计算结转各步骤半成品成本，在最后步骤计算出完工产品成本。如果各步骤计算的半成品通过半成品库收发，还要特设一个“自制半成品”账户，将半成品随着实物的收发进行结转。采用逐步结转分步法，各生产步骤之间半成品成本的结转，按照半成品成本在下一生产步骤产品成本计算单中反映方法的不同，分为综合结转法和分项结转法两种。

第一种方法：综合结转法。

综合结转分步法是将各生产步骤所耗用的半成品成本，按照上一生产步骤的综合成本（不分成本项目），列示到下一生产步骤产品成本计算单中的“直接材料”或“自制半成品”成本项目中，综合反映各步骤所耗上一步骤所产半成品成本。综合结转法的成本计算程序图如图 7-1 所示。

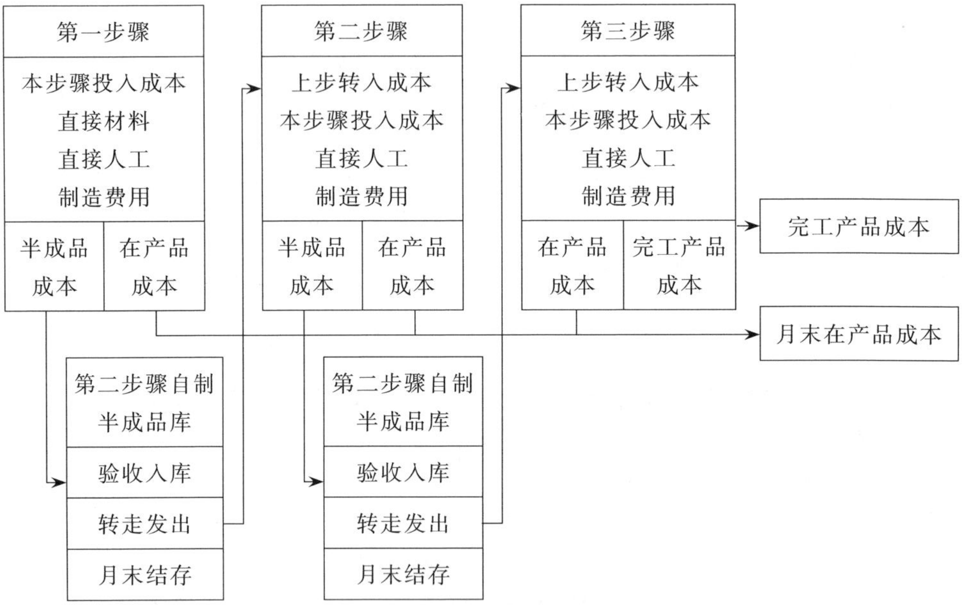

图7-1　综合结转法的成本计算程序图

综合结转时，可以按照上一步骤所产半成品的实际成本结转，也可以按照企业确定的半成品计划成本或定额成本结转。逐步结转分步法采用综合结转法时，上一生产步骤转入的自制半成品成本，综合登记在下一步骤产品成本计算单中的“半成品”成本项目。采用综合结转法，在转账时较为简单，但不能提供原始成本项目反映的数据，这样成本计算的步骤越多，最后一个步骤成本计算单中“半成品”项目的成本在产品成本中所占的比重越大，因而不能据以了解产品成本的结构情况。所以，为了能够从整体角度分析和考核产品成本的构成，必须对产品成本中的“半成品”项目成本进行“还原”，以反映产品成本原始构成的实际情况。成本还原的方法通常有以下两种。

（1）按半成品中成本项目占全部成本的比重还原。

它是根据本月产成品耗用上步骤半成品的成本乘以还原分配率计算半成品成本还原的方法。其成本还原的计算程序如下：

①计算成本还原分配率。

$$还原分配率=\frac{上步骤完工半成品各成本项目的金额}{上步骤完工半成品成本合计}\times 100\% \tag{7.1}$$

②将半成品的综合成本进行分解。

$$半成品成本还原=本月产品耗用上步骤半成品的成本\times 还原分配率 \tag{7.2}$$

③计算还原后成本。

$$还原后产品成本=还原前产品成本+半成品成本还原 \tag{7.3}$$

④如果成本计算有两个以上步骤，第一次成本还原后，还有未还原的半成品成本。这时，还应将未还原的半成品成本进行还原，即用未还原的半成品成本，乘以前一步骤该种半成品的各个成本项目的比重。后面的还原步骤和方法同上，直至还原到第一步骤为止，才能使半成品成本还原为原来的成本项目。

（2）按各步骤耗用半成品的总成本占上一步骤完工半成品总成本的比重还原。

①计算成本还原分配率。

$$还原分配率=\frac{本月产成品耗用上步骤半成品成本合计}{本月生产该种半成品成本合计}\times 100\% \tag{7.4}$$

②计算半成品成本还原。

$$半成品成本还原=本月生产该种半成品成本项目金额\times 还原分配率 \tag{7.5}$$

③计算还原后产品成本。

$$还原后产品成本=还原前产品成本+半成品成本还原 \tag{7.6}$$

④如果成本计算需经过两个以上步骤，则需重复①–③步骤进行再次还原，直至还原到第一步骤为止。

第二种方法：分项结转法。

分项结转法是将各生产步骤所耗用的半成品成本，按照成本项目分项转入各步骤成本计算单的各成本项目中，分项反映各步骤所耗上一步骤所产半成品成本。在该方法下，不必将产成品成本进行成本还原。分项结转分步法成本计算程序图如图7-2所示。

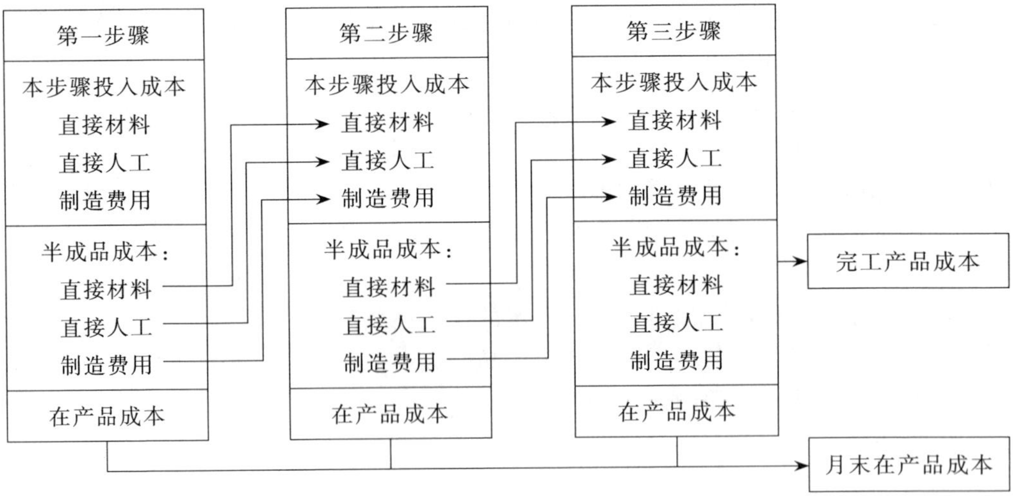

图7-2 分项结转分步法成本计算程序图

2.平行结转分步法的成本计算程序。

首先，通过各生产步骤计算出某产品在本步骤所发生的各种费用；其次，将各生产步骤所发生的费用在最终产品和月末广义在产品之间进行分配，计算出各生产步骤应计入产成品成本的份额；最后，将各生产步骤应计入相同产成品成本的份额汇总，计算出最终产成品的成本。

平行结转分步法的成本计算程序如图7-3所示。

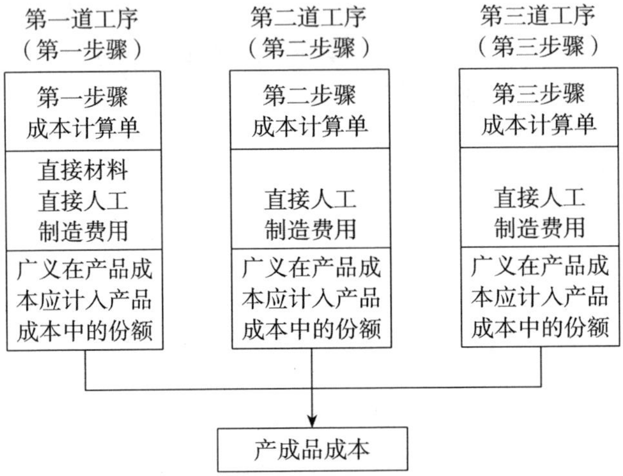

图7-3 平行结转分步法的成本计算程序图

三、实训内容

实训一　逐步综合结转分步法实训

（一）实训所需条件

1.实训所需资料。

（1）企业基本情况。

朝阳市钢铁有限公司是辽宁省朝阳市一家钢铁加工制造企业，主要生产建筑用钢筋。该公司现设有三个基本生产车间，分别为炼铁车间、炼钢车间和轧钢车间。产成品建筑用钢筋顺序经过三个车间加工，炼铁车间生产的产品为铸铁，完工后不经过半成品库收发，全部直接交炼钢车间继续加工；炼钢车间将铸铁进一步加工为钢锭，完工后交钢锭库验收；轧钢车间根据需求从钢锭库领用并加工成产成品建筑用钢筋，其所领钢锭的成本按全月一次加权平均法计算。各车间每件完工产品耗用上一车间半成品的数量均为一件。由于该企业各车间生产的半成品均可以对外出售，所以要求计算各车间生产的半成品成本。由于各基本生产车间都只生产一种产品，故各基本生产车间在生产过程中发生的制造费用都不必开设“制造费用”科目单独核算，直接将其记入各基本生产车间成本明细账（或成本计算单）中的“制造费用”项目即可。该企业还设有一个辅助生产车间：机修车间，由于只提供一种劳务，所以其间接费用不通过“制造费用”科目核算。

（2）企业成本核算的有关规定。

① 该公司采用逐步结转分步法计算建筑用钢筋产品成本，成本结转方式为半成品按实际成本综合结转。

② 开设“生产成本”科目，对各生产车间发生的生产费用进行总分类核算；二级科目按“基本生产成本”和“辅助生产成本”开设；该厂以建筑用钢筋产品及其所经过的生产步骤的铸铁和钢锭为成本核算对象，按成本核算对象开设产品成本计算单，产品成本计算单按直接材料、直接人工和制造费用三个成本项目设置专栏组织核算。

③ 该厂各生产步骤（车间）完工产品和月末在产品之间的费用分配，均采用约当产量法。建筑用钢筋产品原材料在生产开始时一次性投入，炼钢车间和轧钢车间转入的半成品也都在该生产步骤生产开始时一次性投入，各车间的直接人工和制造费用发生比较均衡，月末在产品完工程度均为50%。

④ 低值易耗品采用一次摊销法摊销。

⑤ 采用通用记账凭证格式。

⑥ 企业的账务处理程序采用科目汇总表账务处理程序。

（3）其他材料。

①该企业2024年3月初各车间在产品成本资料见表7-1。

表7-1 月初各车间在产品成本资料

2024年3月 单位：元

项目	炼铁车间	炼钢车间	轧钢车间
月初在产品成本	36 250	130 000	400 000
其中：直接材料（半成品）	25 000	95 000	330 000
直接人工	6 250	20 000	40 000
制造费用	5 000	15 000	30 000

②该企业2024年3月份产品产量资料见表7-2。

表7-2 产品产量资料

2024年3月 单位：件

项目	炼铁车间	炼钢车间	轧钢车间
月初在产品	50	100	200
本月投入或上步骤转入	550	500	500
本月完工转入下步骤或交库	500	500	550
月末在产品	100	100	150

③该企业2024年3月份机修车间提供的劳务数量及分配情况见表7-3。

表7-3 机修车间本月提供的劳务数量及分配情况

2024年3月 单位：小时

受益部门	受益数量
炼铁车间	5 000
炼钢车间	3 000
轧钢车间	3 500
行政管理部门	2 000
合计	13 500

（4）朝阳市钢铁有限公司2024年3月基本生产车间生产建筑用钢筋发生的各项费用及有关的原始凭证如下：

①3月31日，该企业发生以银行存款支付的各项费用见表7-4（与所发生费用相关的原始发票和银行转账支票存根略）。

表7-4

以银行存款支付的各项费用表

2024年3月　　单位：元

项目 部门	办公费	劳动保护费	其他费用	合计
炼铁车间	500	450	200	1 150
炼钢车间	800	300	150	1 250
轧钢车间	600	350	220	1 170
机修车间	300	200	150	650
行政管理部门	1 000	100	180	1 280
合计	3 200	1 400	900	5 500

②3 月 31 日，根据本月领料单编制的领料单汇总表见表 7-5（领料单略）。

表7-5

领料单汇总表

2024年3月　　单位：元

领用部门	用途	1—10 日	11—20 日	21—31 日	合计
炼铁车间	原材料	220 000			220 000
	机物料消耗	2 000	1 500	1 600	5 100
	低值易耗品	1 000	800	600	2 400
	小计	223 000	2 300	2 200	227 500
炼钢车间	原材料				
	机物料消耗	1 800	1 600	1 000	4 400
	低值易耗品	1 200	800	500	2 500
	小计	3 000	2 400	1 500	6 900
轧钢车间	原材料				
	机物料消耗	1 500	1 200	1 000	3 700
	低值易耗品	1 200	800	500	2 500
	小计	2 700	2 000	1 500	6 200
机修车间	机物料消耗	800	1 200	500	2 500
	低值易耗品	500	800	500	1 800
	小计	1 300	2 000	1 000	4 300
行政管理部门	维修	200	500	300	1 000
合计					245 900

③3月31日，根据各部门车间工资结算单（略）编制的工资结算汇总表见表7-6。

表7-6 **工资结算汇总表**

2024年3月 单位：元

部门	生产工人工资	管理人员工资	合计
炼铁车间	50 000	18 000	68 000
炼钢车间	45 000	15 000	60 000
轧钢车间	38 000	12 000	50 000
机修车间	25 000	8 000	33 000
行政管理部门		35 000	35 000
合计	158 000	88 000	246 000

④3月31日，根据企业各部门固定资产使用情况编制的固定资产折旧计算表见表7-7。

表7-7 **固定资产折旧计算表**

2024年3月 金额单位：元

使用部门	炼铁车间	炼钢车间	轧钢车间	机修车间	行政管理部门
固定资产原值	1 200 000	1 500 000	1 000 000	800 000	500 000
折旧率	0.6%	0.6%	0.6%	0.6%	0.6%
折旧额	7 200	9 000	6 000	4 800	3 000

⑤企业计提本月财产保险费20 000元，分配表见表7-8。

表7-8 **财产保险费分配表**

2024年3月 单位：元

分配对象	费用项目	本月计提金额
行政管理部门	财产保险费	20 000
合计		20 000

2.实训需要真实的通用记账凭证9张，活页式生产成本明细账4张，数量金额式明细账2张，多栏式明细账1张，三栏式明细账4张，凭证封皮1张。实训还需剪刀、直尺、胶水、印台、计算器、档案袋、装订线、装订机等工具。

（二）实训要求

1.开设相关的总账和明细账以及各步骤产品成本计算单（参考格式见表7-9至表7-11），并将有关的期初余额登记到相关账簿以及各步骤产品成本计算单中。

2.根据本月所发生各项费用的原始凭证编制各项费用分配表（参考格式见表7-12至表7-17）。

3.根据审核无误的记账凭证登记相关的总账和明细账以及各产品成本计算单。

4.计算完工产品成本，编制完工产品成本汇总表，并编制完工产品验收入库的记账凭证。

5.计算的中间结果保留两位小数，最终结果保留整数。

6.实训中所用到的记账凭证、账页的格式，请参见实际工作中所用的、真实的凭证与账页，这里从略。

表7-9　　**炼铁车间产品成本计算单**

产品：铸铁　　2024年3月　　金额单位：元

项目	直接材料	直接人工	制造费用	合计
月初在产品成本				
本月本步骤发生费用				
生产费用合计				
本月完工产品数量				
月末在产品约当产量				
约当总产量				
完工产品单位成本				
完工产品总成本				
月末在产品成本				

表7-10　　**炼钢车间产品成本计算单**

产品：钢锭　　2024年3月　　金额单位：元

项目	铸铁	直接人工	制造费用	合计
月初在产品成本				
本月本步骤发生费用				
本月上步骤转入费用				
生产费用合计				
本月完工产品数量				
月末在产品约当产量				
约当总产量				
完工产品单位成本				
完工产品总成本				
月末在产品成本				

表7-11　　**轧钢车间产品成本计算单**

产品：建筑用钢筋　　2024年3月　　金额单位：元

项目	钢锭	直接人工	制造费用	合计
月初在产品成本				
本月本步骤发生费用				
本月上步骤转入费用				
生产费用合计				
本月完工产品数量				
月末在产品约当产量				
约当总产量				
完工产品单位成本				
完工产品总成本				
月末在产品成本				

表7-12　　**以银行存款支付的各项费用分配表**

2024年3月　　单位：元

分配对象		成本费用项目	金额
基本生产车间	炼铁车间	制造费用	
	炼钢车间	制造费用	
	轧钢车间	制造费用	
辅助生产车间	机修车间	制造费用	
行政管理部门		办公费	
		劳动保护费	
		其他	
合计			

表7-13

材料费用分配表

2024年3月　　　　单位：元

分配对象	成本项目	分配金额	合计
炼铁车间	直接材料		
	制造费用		
	小计		
炼钢车间	直接材料		
	制造费用		
	小计		
轧钢车间	直接材料		
	制造费用		
	小计		
机修车间	机物料消耗		
	低值易耗品		
	小计		
行政管理部门	材料费用		
合计			

表7-14

工资费用分配表

2024年3月　　　　单位：元

分配对象	成本项目	分配金额	合计
炼铁车间	直接人工		
	制造费用		
	小计		
炼钢车间	直接人工		
	制造费用		
	小计		
轧钢车间	直接人工		
	制造费用		
	小计		
机修车间	工资费用		
	小计		
行政管理部门	工资费用		
合计			

表7-15 **固定资产折旧计算表**

2024年3月 金额单位：元

使用部门	炼铁车间	炼钢车间	轧钢车间	机修车间	行政管理部门
应记会计科目	生产成本（基本生产成本）	生产成本（基本生产成本）	生产成本（基本生产成本）	生产成本（辅助生产成本）	管理费用
固定资产原值					
折旧率					
折旧额					

表7-16 **财产保险费分配表**

2024年3月 单位：元

分配对象	科目	本月计提金额
行政管理部门	管理费用	
合计		

表7-17 **辅助生产费用分配表**

2024年3月 金额单位：元

辅助生产车间	应分配费用	分配数量	分配率	分配额							
				基本生产车间						行政管理部门	
				炼铁车间		炼钢车间		轧钢车间			
				数量	金额	数量	金额	数量	金额	数量	金额
机修车间											

（三）实训组织方法及步骤

本实训安排在相关理论知识讲授完之后进行，在实训指导教师的指导下，由学生独立完成。学生以班级为单位统一到会计手工模拟实验室进行实训。实训前要求学生对相关知识进行预习，特别是要对基础会计中的有关记账凭证的编制和账簿登记的规定进行复习。实训的具体步骤如下：

1. 根据本月发生的各项费用的原始凭证编制费用分配表。

2. 根据这些原始凭证（包括编制的费用分配表）填制记账凭证。

3. 学生两人一组，互相对所填制的记账凭证进行审核。

4. 根据审核无误的记账凭证登记各相关的明细账以及成本计算单。

5. 将汇集到成本计算单中的各项费用进行汇总并分配，计算出完工产品的成本，编制完工产品成本汇总表，并进行完工产品验收入库的账务处理，编制记账凭证。

6. 学生两人一组，互相对所填制的记账凭证进行审核。

7. 根据审核无误的记账凭证登记有关明细账。

8. 将建筑用钢筋产品总成本进行成本还原。

9. 根据审核无误的记账凭证编制科目汇总表。

10. 根据科目汇总表登记有关总账。

实训结束后学生应将完成的各种数据转入配发的档案袋中，上交实训指导教师。

本实训计划安排2个学时。

（四）实训参考答案

1. 自制原始凭证见表7-18至表7-26：

表7-18　**以银行存款支付的各项费用分配表**

2024年3月　单位：元

分配对象		成本费用项目	金额
基本生产车间	炼铁车间	制造费用	1 150
	炼钢车间	制造费用	1 250
	轧钢车间	制造费用	1 170
辅助生产车间	机修车间	制造费用	650
行政管理部门		办公费	1 000
		劳动保护费	100
		其他费用	180
合计			5 500

表7-19

材料费用分配表

2024年3月

单位：元

分配对象	成本项目	分配金额	合计
炼铁车间	直接材料	220 000	220 000
	制造费用	7 500	7 500
	小计	227 500	227 500
炼钢车间	直接材料		
	制造费用	6 900	6 900
	小计	6 900	6 900
轧钢车间	直接材料		
	制造费用	6 200	6 200
	小计	6 200	6 200
机修车间	机物料消耗	2 500	2 500
	低值易耗品	1 800	1 800
	小计	4 300	4 300
行政管理部门	材料费用	1 000	1 000
合计		245 900	245 900

表7-20

工资费用分配表

2024年3月

单位：元

分配对象	成本项目	分配金额	合计
炼铁车间	直接人工	50 000	50 000
	制造费用	18 000	18 000
	小计	68 000	68 000
炼钢车间	直接人工	45 000	45 000
	制造费用	15 000	15 000
	小计	60 000	60 000
轧钢车间	直接人工	38 000	38 000
	制造费用	12 000	12 000
	小计	50 000	50 000
机修车间	工资费用	33 000	33 000
	小计	33 000	33 000
行政管理部门	工资费用	35 000	35 000
合计		246 000	246 000

表7-21

财产保险费分配表

2024年3月

单位：元

分配对象	科目	本月计提金额
行政管理部门	管理费用	20 000
合计		20 000

表7-22

固定资产折旧费用分配表

2024年3月

金额单位：元

使用部门	炼铁车间	炼钢车间	轧钢车间	机修车间	行政管理部门
应记会计科目	生产成本（基本生产成本）	生产成本（基本生产成本）	生产成本（基本生产成本）	生产成本（辅助生产成本）	管理费用
固定资产原值	1 200 000	1 500 000	1 000 000	800 000	500 000
折旧率	0.6%	0.6%	0.6%	0.6%	0.6%
折旧额	7 200	9 000	6 000	4 800	3 000

表7-23

辅助生产费用分配表

车间：机修车间

2024年3月

金额单位：元

辅助生产车间	应分配费用	分配数量	分配率	分配额							
				基本生产车间						行政管理部门	
				炼铁车间		炼钢车间		轧钢车间			
				数量	金额	数量	金额	数量	金额	数量	金额
机修车间	42 750	13 500	3.17	5 000	15 850	3 000	9 510	3 500	11 095	2 000	6 295

表7-24

炼铁车间产品成本计算单

产品：铸铁

2024年3月

金额单位：元

项目	直接材料	直接人工	制造费用	合计
月初在产品成本	25 000	6 250	5 000	36 250
本月本步骤发生费用	220 000	50 000	49 700	319 700
生产费用合计	245 000	56 250	54 700	355 950
本月完工产品数量	500	500	500	500
月末在产品约当产量	100	50	50	
约当总产量	600	550	550	
完工产品单位成本	408.33	102.27	99.45	610.05
完工产品总成本	204 165	51 135	49 725	305 025
月末在产品成本	40 835	5 115	4 975	50 925

表7-25

炼钢车间产品成本计算单

产品：钢锭　　2024年3月　　金额单位：元

项目	铸铁	直接人工	制造费用	合计
月初在产品成本	95 000	20 000	15 000	130 000
本月本步骤发生费用		45 000	41 660	86 660
本月上步骤转入费用	305 025			305 025
生产费用合计	400 025	65 000	56 660	521 685
本月完工产品数量	500	500	500	500
月末在产品约当产量	100	50	50	
约当总产量	600	550	550	
完工产品单位成本	666.71	118.18	103.02	887.91
完工产品总成本	333 355	59 090	51 510	443 955
月末在产品成本	66 670	5 910	5 150	77 730

表7-26

轧钢车间产品成本计算单

产品：建筑用钢筋　　2024年3月　　金额单位：元

项目	钢锭	直接人工	制造费用	合计
月初在产品成本	330 000	40 000	30 000	400 000
本月本步骤发生费用		38 000	36 465	74 465
本月上步骤转入费用	443 955			443 955
生产费用合计	773 955	78 000	66 465	918 420
本月完工产品数量	550	550	550	550
月末在产品约当产量	150	75	75	
约当总产量	700	625	625	
完工产品单位成本	1 105.65	124.80	106.34	1 336.79
完工产品总成本	608 107.50	68 640	58 487	735 234.50
月末在产品成本	165 847.50	9 360	7 978	183 185.50

2.会计分录：

	借方	贷方
（1）借：生产成本——基本生产成本（炼铁车间）	1 150	
——基本生产成本（炼钢车间）	1 250	
——基本生产成本（轧钢车间）	1 170	
——辅助生产成本（机修车间）	650	
管理费用	1 280	
贷：银行存款		5 500
（2）借：生产成本——基本生产成本（炼铁车间）	227 500	
——基本生产成本（炼钢车间）	6 900	
——基本生产成本（轧钢车间）	6 200	
——辅助生产成本（机修车间）	4 300	
管理费用	1 000	
贷：原材料		236 700
周转材料——低值易耗品		9 200
（3）借：生产成本——基本生产成本（炼铁车间）	68 000	
——基本生产成本（炼钢车间）	60 000	
——基本生产成本（轧钢车间）	50 000	
——辅助生产成本（机修车间）	33 000	
管理费用	35 000	
贷：应付职工薪酬		246 000
（4）借：管理费用	20 000	
贷：其他应付款		20 000
（5）借：生产成本——基本生产成本（炼铁车间）	7 200	
——基本生产成本（炼钢车间）	9 000	
——基本生产成本（轧钢车间）	6 000	
——辅助生产成本（机修车间）	4 800	
管理费用	3 000	
贷：累计折旧		30 000
（6）借：生产成本——基本生产成本（炼铁车间）	15 850	
——基本生产成本（炼钢车间）	9 510	
——基本生产成本（轧钢车间）	11 095	
管理费用	6 295	
贷：生产成本——辅助生产成本（机修车间）		42 750
（7）借：生产成本——基本生产成本（炼钢车间）	305 025	
贷：生产成本——基本生产成本（炼铁车间）		305 025
（8）借：生产成本——基本生产成本（轧钢车间）	443 955	
贷：生产成本——基本生产成本（炼钢车间）		443 955

（9）借：库存商品——建筑用钢筋　　735 234.5
　　贷：生产成本——基本生产成本（轧钢车间）　　735 234.5

实训二　逐步分项结转分步法实训

（一）实训所需条件

1.实训所需资料。

（1）企业基本情况

朝阳市钢铁有限公司是辽宁省朝阳市一家钢铁加工制造企业，主要生产建筑用钢筋。该公司现设有三个基本生产车间，分别为炼铁车间、炼钢车间和轧钢车间，设有一个辅助生产车间供电车间。该公司大量生产建筑用钢筋，钢筋顺序经过炼铁、炼钢和轧钢三个车间加工，原材料在生产开始时一次性投入，产品加工程度均衡，需按直接材料、直接人工和制造费用成本项目开设“生产成本”明细账，二级科目设置“基本生产车间”和“辅助生产车间”，制造费用不单独设置账户，直接计入各成本项目制造费用中。在产品成本核算采用约当产量法。按照车间名称分别设置成本计算单，炼铁车间生产的产品为铸铁，炼钢车间生产钢锭，假定炼铁、炼钢车间生产的半成品全部直接转入下步骤进行生产，转入下步骤时不设置“自制半成品”账户。轧钢车间生产完工产品验收到钢筋产成品库，设置“库存商品——钢筋”账户。

（2）企业2024年2月具体数据资料如下。

①企业月初各车间在产品成本资料见表7-27。

表7-27　月初各车间在产品成本资料

2024年2月　　单位：元

项目	炼铁车间	炼钢车间	轧钢车间
月初在产品成本	12 250	10 450	12 400
其中：直接材料（自制半成品）	2 650	4 400	9 100
直接人工	3 750	2 550	1 800
制造费用	5 850	3 500	1 500

②企业本月产品产量资料见表7-28。

表7-28　本月产品产量

2024年2月　　单位：件

项目	炼铁车间	炼钢车间	轧钢车间
月初在产品	500	300	200
本月投入（上步骤转入）	1 000	1 200	1 200
本月完工（转入下步骤）	1 200	1 200	1 200
月末在产品	300	300	200

③企业辅助生产车间2024年2月提供产品（劳务）数量资料见表7-29。

表7-29　**辅助生产车间提供的产品（劳务）明细表**

2024年2月28日

受益部门＼辅助生产车间		供电车间（度）
基本生产车间	炼铁车间	4 000
	炼钢车间	3 000
	轧钢车间	2 000
辅助生产车间	供电车间	—
行政管理部门		1 000
合 计		10 000

④企业本月消耗材料汇总表见表7-30。

表7-30　**材料汇总表**

2024年2月　　单位：元

部门	材料	金额
炼铁车间	原材料	25 000
	辅助材料	2 350
	小 计	27 350
炼钢车间	原材料	30 000
	辅助材料	1 600
	小 计	31 600
轧钢车间	原材料	33 000
	辅助材料	1 900
	合 计	34 900
供电车间	低值易耗品	2 000
行政管理部门	低值易耗品	1 000
合 计		96 850

⑤企业本月工资结算汇总表见表7-31。

表7-31

工资结算汇总表

2024年2月

单位：元

部门	生产工人工资	管理人员工资	合计
炼铁车间	9 750	4 000	13 750
炼钢车间	11 100	4 500	15 600
轧钢车间	10 500	5 500	16 000
供电车间	5 000	—	5 000
行政管理部门	—	5 000	5 000
合计	36 350	19 000	55 350

⑥企业本月固定资产折旧汇总表见表7-32。

表7-32

固定资产折旧汇总表

2024年2月

金额单位：元

部门	固定资产总额	月折旧率	折旧额
炼铁车间	400 000	5‰	2 000
炼钢车间	700 000	5‰	3 500
轧钢车间	900 000	5‰	4 500
供电车间	250 000	8‰	2 000
行政管理部门	125 000	8‰	1 000
合 计	2 375 000	—	13 000

⑦企业本月以银行存款支付的其他费用汇总表见表7-33。

表7-33

其他费用汇总表

2024年2月

单位：元

部门	办公费	劳动保护费	运输费	保险费	合计
炼铁车间	1 000	500	2 000	500	4 000
炼钢车间	2 000	600	1 600	800	5 000
轧钢车间	3 000	700	2 000	300	6 000
供电车间	1 000	500	400	100	2 000
行政管理部门	4 000	—	500	500	5 000
合 计	11 000	2 300	6 500	2 200	22 000

2.实训需要真实的通用记账凭证9张，活页式生产成本明细账4张，数量金额

式明细账3张，多栏式明细账1张，三栏式明细账4张，凭证封皮1张。实训还需剪刀、直尺、胶水、印台、计算器、档案袋、装订线、装订机等工具。

（二）实训要求

1.开设有关总账、明细账和各步骤产品成本计算单，根据资料将有关期初余额登记到相关账簿及成本计算单中。

2.根据本月所发生各项费用的资料编制各项费用分配表（参考格式见表7-34至表7-38）。

3.根据审核无误的记账凭证登记相关总账、明细账和成本计算单（参考格式见表7-39至7-41）。

4.计算完工产品成本，编制完工产品成本汇总表和验收入库记账凭证。

5.计算的中间结果保留四位小数，最终结果保留两位小数。

表7-34　**材料费用分配表**

2024年2月　单位：元

<table>
<tr><th colspan="2">分配对象</th><th>成本项目</th><th>金额</th></tr>
<tr><td rowspan="3">基本生产车间</td><td>炼铁车间</td><td>直接材料</td><td></td></tr>
<tr><td>炼钢车间</td><td>直接材料</td><td></td></tr>
<tr><td>轧钢车间</td><td>直接材料</td><td></td></tr>
<tr><td>辅助生产车间</td><td>供电车间</td><td>低值易耗品</td><td></td></tr>
<tr><td colspan="2">行政管理部门</td><td>低值易耗品</td><td></td></tr>
<tr><td colspan="3">合计</td><td></td></tr>
</table>

表7-35　**工资费用分配表**

2024年2月　单价：元

<table>
<tr><th colspan="2">分配对象</th><th>成本项目</th><th>金额</th></tr>
<tr><td rowspan="6">基本生产车间</td><td rowspan="2">炼铁车间</td><td>直接人工</td><td></td></tr>
<tr><td>管理人员工资</td><td></td></tr>
<tr><td rowspan="2">炼钢车间</td><td>直接人工</td><td></td></tr>
<tr><td>管理人员工资</td><td></td></tr>
<tr><td rowspan="2">轧钢车间</td><td>直接人工</td><td></td></tr>
<tr><td>管理人员工资</td><td></td></tr>
<tr><td>辅助生产车间</td><td>供电车间</td><td>工资费用</td><td></td></tr>
<tr><td colspan="2">行政管理部门</td><td>工资费用</td><td></td></tr>
<tr><td colspan="3">合 计</td><td></td></tr>
</table>

表7-36

固定资产折旧计算表

2024年2月

金额单位：元

使用部门		会计科目	原值	月折旧率	月折旧额
基本生产车间	炼铁车间				
	炼钢车间				
	轧钢车间				
辅助生产车间	供电车间				
行政管理部门					
合计					

表7-37

其他费用计算表

2024年2月

单位：元

使用部门		会计科目	办公费	劳动保护费	运输费	保险费	合计
基本生产车间	炼铁车间	制造费用					
	炼钢车间	制造费用					
	轧钢车间	制造费用					
辅助生产车间	供电车间	生产成本					
行政管理部门		管理费用					
合计		—					

表7-38

辅助生产费用计算表

2024年2月

金额单位：元

辅助生产车间	待分配费用	劳务供应量	分配率	分配额							
				基本生产车间						行政管理部门	
				炼铁车间		炼钢车间		轧钢车间			
				数量	金额	数量	金额	数量	金额	数量	金额
供电车间											

表7-39　　**炼铁车间产品成本计算单**

产品：铸铁　　2024年2月　　金额单位：元

项目	直接材料	直接人工	制造费用	合计
月初在产品成本				
本月本步骤发生费用				
生产费用合计				
本月完工产品数量				
月末在产品约当量				
约当总产量				
完工产品单位成本（分配率）				
完工产品成本				
月末在产品成本				

表7-40　　**炼钢车间产品成本计算单**

产品：钢锭　　2024年2月　　金额单位：元

项目	直接材料	直接人工	制造费用	合计
月初在产品成本				
本月本步骤发生费用				
本月上步骤转入费用				
生产费用合计				
本月完工产品数量				
月末在产品约当量				
约当总产量				
完工产品单位成本（分配率）				
完工产品成本				
月末在产品成本				

表7-41　**轧钢车间产品成本计算单**

产品：建筑用钢筋　　2024年2月　　金额单位：元

项目	直接材料	直接人工	制造费用	合计
月初在产品成本				
本月本步骤发生费用				
本月上步骤转入费用				
生产费用合计				
本月完工产品数量				
月末在产品约当量				
约当总产量				
完工产品单位成本（分配率）				
完工产品成本				
月末在产品成本				

（三）实训组织方法及步骤

本实训安排在相关理论知识讲授完之后进行，在实训指导教师的指导下，由学生本人独立完成。学生以班级为单位统一到会计手工模拟实验室进行实训。实训前要求学生对相关知识进行预习，特别是要对基础会计中的有关记账凭证的编制和账簿登记的规定进行复习。实训的具体步骤如下：

1.根据本月发生的各项费用资料填制记账凭证并编制费用分配表。

2.学生两人一组，互相对所填制的记账凭证进行审核。

3.根据审核无误的记账凭证登记各相关的明细账以及成本计算单。

4.将成本计算单中各项费用汇总分配，计算完工产品成本并编制记账凭证和登记有关明细账。

实训结束后学生应将完成的各种资料转入配发的档案袋中，上交实训指导教师。

本实训计划安排2个学时。

（四）实训参考答案

1.自制原始凭证的填制见表7-42至表7-49。

表7-42

材料费用分配表

2024年2月

单位：元

分配对象		成本项目	金额
基本生产车间	炼铁车间	直接材料	27 350
	炼钢车间	直接材料	31 600
	轧钢车间	直接材料	34 900
辅助生产车间	供电车间	低值易耗品	2 000
行政管理部门		低值易耗品	1 000
合计			96 850

表7-43

工资费用分配表

2024年2月

单价：元

分配对象		成本项目	金额
基本生产车间	炼铁车间	直接人工	9 750
		管理人员工资	4 000
	炼钢车间	直接人工	11 100
		管理人员工资	4 500
	轧钢车间	直接人工	10 500
		管理人员工资	5 500
辅助生产车间	供电车间	工资费用	5 000
行政管理部门		工资费用	5 000
合　计			55 350

表7-44

固定资产折旧计算表

2024年2月

金额单位：元

使用部门		会计科目	原值	月折旧率	月折旧额
基本生产车间	炼铁车间	制造费用	400 000	5‰	2 000
	炼钢车间	制造费用	700 000	5‰	3 500
	轧钢车间	制造费用	900 000	5‰	4 500
辅助生产车间	供电车间	生产成本	250 000	8‰	2 000
行政管理部门		管理费用	125 000	8‰	1 000
合计		—	2 375 000	—	13 000

表7-45　　**其他费用计算表**

2024年2月　　单位：元

使用部门		会计科目	办公费	劳动保护费	运输费	保险费	合计
基本生产车间	炼铁车间	制造费用	1 000	500	2 000	500	4 000
	炼钢车间	制造费用	2 000	600	1 600	800	5 000
	轧钢车间	制造费用	3 000	700	2 000	300	6 000
辅助生产车间	供电车间	生产成本	1 000	500	400	100	2 000
行政管理部门		管理费用	4 000	—	500	500	5 000
合计		—	11 000	2 300	6 500	2 200	22 000

表7-46　　**辅助生产费用计算表**

2024年2月　　金额单位：元

辅助生产车间	待分配费用	劳务供应量	分配率	分配额							
				基本生产车间						行政管理部门	
				炼铁车间		炼钢车间		轧钢车间			
				数量	金额	数量	金额	数量	金额	数量	金额
供电车间	11 000	10 000	1.1	4 000	4 400	3 000	3 300	2 000	2 200	1 000	1 100

注：本月累计辅助生产费用=2 000+5 000+2 000+2 000=11 000（元）。

表7-47　　**炼铁车间产品成本计算单**

产品：铸铁　　2024年2月　　金额单位：元

项目	直接材料	直接人工	制造费用	合计
月初在产品成本	2 650	3 750	5 850	12 250
本月本步骤发生费用	27 350	9 750	14 400	51 500
生产费用合计	30 000	13 500	20 250	63 750
本月完工产品数量	1 200	1 200	1 200	1 200
月末在产品约当量	300	150	150	—
约当总产量	1 500	1 350	1 350	—
完工产品单位成本（分配率）	20	10	15	45
完工产品成本	24 000	12 000	18 000	54 000
月末在产品成本	6 000	1 500	2 250	9 750

表7-48

炼钢车间产品成本计算单

产品：钢锭　　2024年2月　　金额单位：元

项目	直接材料	直接人工	制造费用	合计
月初在产品成本	4 400	2 550	3 500	10 450
本月本步骤发生费用	31 600	11 100	16 300	59 000
本月上步骤转入费用	24 000	12 000	18 000	54 000
生产费用合计	60 000	25 650	37 800	123 450
本月完工产品数量	1 200	1 200	1 200	1 200
月末在产品约当量	300	150	150	—
约当总产量	1 500	1 350	1 350	—
完工产品单位成本（分配率）	40	19	28	87
完工产品成本	48 000	22 800	33 600	104 400
月末在产品成本	12 000	2 850	4 200	19 050

表7-49

轧钢车间产品成本计算单

产品：钢筋　　2024年2月　　金额单位：元

项目	直接材料	直接人工	制造费用	合计
月初在产品成本	9 100	1 800	1 500	12 400
本月本步骤发生费用	34 900	10 500	18 200	63 600
本月上步骤转入费用	48 000	22 800	33 600	104 400
生产费用合计	92 000	35 100	53 300	180 400
本月完工产品数量	1 200	1 200	1 200	1 200
月末在产品约当量	200	100	100	—
约当总产量	1 400	1 300	1 300	—
完工产品单位成本（分配率）	65.71	27	41	133.71
完工产品成本	78 852	32 400	49 200	160 452
月末在产品成本	13 148	2 700	4 100	19 948

2.会计分录：

（1）借：生产成本——基本生产车间（炼铁车间）　27 350
——基本生产车间（炼钢车间）　31 600
——基本生产车间（轧钢车间）　34 900
——辅助生产车间（供电车间）　2 000
管理费用　1 000
贷：原材料　96 850

（2）借：生产成本——基本生产车间（炼铁车间）　13 750
——基本生产车间（炼钢车间）　15 600
——基本生产车间（轧钢车间）　16 000
——辅助生产车间（供电车间）　5 000
管理费用　5 000
贷：应付职工薪酬　55 350

（3）借：生产成本——基本生产车间（炼铁车间）　2 000
——基本生产车间（炼钢车间）　3 500
——基本生产车间（轧钢车间）　4 500
——辅助生产车间（供电车间）　2 000
管理费用　1 000
贷：累计折旧　13 000

（4）借：生产成本——基本生产车间（炼铁车间）　4 000
——基本生产车间（炼钢车间）　5 000
——基本生产车间（轧钢车间）　6 000
——辅助生产车间（供电车间）　2 000
管理费用　5 000
贷：银行存款　22 000

（5）借：生产成本——基本生产车间（炼铁车间）　4 400
——基本生产车间（炼钢车间）　3 300
——基本生产车间（轧钢车间）　2 200
管理费用　1 100
贷：生产成本——辅助生产车间（供电车间）　11 000

（6）借：生产成本——基本生产车间（炼钢车间）　54 000
贷：生产成本——基本生产车间（炼铁车间）　54 000

（7）借：生产成本——基本生产车间（轧钢车间）　104 400
贷：生产成本——基本生产车间（炼钢车间）　104 400

（8）借：库存商品——钢筋　160 452
贷：生产成本——基本生产车间（轧钢车间）　160 452

实训三 平行结转分步法实训

（一）实训所需条件

1.实训所需资料。

（1）企业基本情况。

朝阳市钢铁有限公司是辽宁省朝阳市一家加工制造企业，主要生产的产品为建筑用钢筋，其生产的产品分步骤依次经过炼铁车间、炼钢车间、轧钢车间加工，各车间加工完的半成品不经过半成品库收发，在各车间直接结转。在生产过程中，原材料在生产开始时一次性投入，加工成本则随各车间产品加工进度均匀发生。各车间每件完工产品耗用上一车间半成品的数量均为一件。该企业还设有一个辅助生产车间为机修车间。

（2）企业成本核算的有关规定。

① 该公司加工的半成品全部用于生产建筑用钢筋，不对外销售。为了简化计算，不计算半成品成本，成本核算采用平行结转分步法。

② 开设“生产成本”科目，对各生产车间发生的生产费用进行总分类核算；二级科目按“基本生产成本”和“辅助生产成本”开设；该厂以生产的建筑用钢筋产成品及其所经过的生产车间为成本核算对象，按照炼铁车间、炼钢车间、轧钢车间开设产品成本计算单，并按直接材料、直接人工和制造费用三个成本项目设置专栏组织核算。由于各车间只生产一种产品，所以三个基本生产车间发生的制造费用直接计入各车间成本明细账（或成本计算单）中的“制造费用”专栏，不必开设“制造费用”科目单独归集核算。

③ 该公司生产费用在完工产品和月末在产品之间的分配采用约当产量法。

④ 辅助生产车间机修车间的制造费用不通过“制造费用”科目核算。

⑤ 采用通用记账凭证格式。

⑥ 企业的账务处理程序采用科目汇总表账务处理程序。

（3）其他资料。

①该企业2024年2月钢筋月初在产品成本资料见表7-50。

表7-50 **月初在产品成本资料**

产品：钢筋 2024年2月 单位：元

项目	炼铁车间	炼钢车间	轧钢车间
月初在产品成本	9 000	2 250	1 600
其中：直接材料	7 500		
直接人工	500	600	600
制造费用	1 000	1 650	1 000

②该企业2024年2月份建筑用钢筋产品产量资料见表7-51。

表7-51 建筑用钢筋产品产量资料

产品：钢筋 2024年2月 数量单位：件

项目	炼铁车间	炼钢车间	轧钢车间
月初在产品	10	50	50
本月投入或上步骤转入	90	100	90
本月完工转入下步骤或交库	100	90	130
月末在产品	—	60	10
月末在产品完工程度（%）	—	50	50

（4）朝阳市钢铁有限公司2024年2月基本生产车间生产钢筋发生的各项费用及有关的原始凭证如下。

①2月29日，该企业发生以银行存款支付的各项费用见表7-52（与所发生费用相关的原始发票和银行转账支票存根略）。

表7-52 以银行存款支付的各项费用表

2024年2月 单位：元

项目/部门	办公费	劳动保护费	其他费用	合计
炼铁车间	4 000	3 600	1 600	9 200
炼钢车间	6 400	2 400	1 200	10 000
轧钢车间	4 800	2 800	1 760	9 360
机修车间	2 400	1 600	1 200	5 200
行政管理部门	8 000	800	1 440	10 240
合计	25 600	11 200	7 200	44 000

②2月29日，根据本月领料单编制的领料单汇总表见表7-53（领料单略）。

表7-53 领料单汇总表

2024年2月 单位：元

领用部门	用途	1—10日	11—20日	21—29日	合计
炼铁车间	原材料	2 200 000			2 200 000
	机物料消耗	20 000	15 000	16 000	51 000
	低值易耗品	10 000	8 000	6 000	24 000
	小计	2 230 000	23 000	22 000	2 275 000

续表

领用部门	用途	1—10日	11—20日	21—29日	合计
炼钢车间	原材料				
	机物料消耗	18 000	16 000	10 000	44 000
	低值易耗品	12 000	8 000	5 000	25 000
	小计	30 000	24 000	15 000	69 000
轧钢车间	原材料				
	机物料消耗	15 000	12 000	10 000	37 000
	低值易耗品	12 000	8 000	5 000	25 000
	小计	27 000	20 000	15 000	62 000
机修车间	机物料消耗	8 000	12 000	5 000	25 000
	低值易耗品	5 000	8 000	5 000	18 000
	小计	13 000	20 000	10 000	43 000
行政管理部门	维修	2 000	5 000	3 000	10 000
合计		2 302 000	92 000	65 000	2 459 000

③2月29日，根据各部门车间工资结算单（略）编制的工资结算汇总表见表7-54。

表7-54 **工资结算汇总表**

2024年2月 单位：元

部门	生产工人工资	管理人员工资	合计
炼铁车间	150 000	54 000	204 000
炼钢车间	135 000	45 000	180 000
轧钢车间	114 000	36 000	150 000
机修车间	75 000	24 000	99 000
行政管理部门		105 000	105 000
合计	474 000	264 000	738 000

④2月29日，根据企业各部门固定资产使用情况编制的固定资产折旧计算表见表7-55。

表7-55　　固定资产折旧计算表

2024年2月　　金额单位：元

使用部门	炼铁车间	炼钢车间	轧钢车间	机修车间	行政管理部门
固定资产原值	1 200 000	1 500 000	1 000 000	800 000	500 000
折旧率	0.6%	0.6%	0.6%	0.6%	0.6%
折旧额	7 200	9 000	6 000	4 800	3 000

⑤企业计提本月财产保险费15 000元，分配表见表7-56。

表7-56　　财产保险费分配表

2024年2月　　单位：元

分配对象	费用项目	本月计提金额
行政管理部门	财产保险费	15 000
合计		15 000

⑥机修车间提供劳务数量见表7-57。

表7-57　　辅助生产车间提供的产品（劳务）明细表

2024年2月29日

受益部门 \ 辅助生产车间		机修车间（小时）
基本生产车间	炼铁车间	5 000
	炼钢车间	3 000
	轧钢车间	3 500
辅助生产车间	机修车间	—
行政管理部门		1 000
合计		12 500

2.实训需要真实的通用记账凭证13张，活页式生产成本明细账2张，数量金额式明细账2张，多栏式明细账1张，活页三栏式明细账4张，凭证封皮1张。实训还需剪刀、直尺、胶水、印台、计算器、档案袋、装订线、装订机等工具。

（二）实训要求

1.设置相关的总账和明细账以及各车间产品成本计算单（参考格式见表7-58至表7-60），并将有关的期初余额登记到相关账簿以及各车间产品成本计算单中。

2.根据本月所发生各项费用的原始凭证编制各项费用分配表（参考格式见表7-61至表7-66）。

3.根据各项费用的原始凭证以及各项费用分配表编制记账凭证。

4.根据审核无误的记账凭证登记各相关的明细账以及成本计算单。

5.将汇集到成本计算单中的各项费用进行汇总并分配，计算出完工产品的成本，编制完工产品成本汇总表（参考格式见表7-67），并进行完工产品验收入库的账务处理，编制记账凭证。

6.计算的中间结果保留两位小数，最终结果保留整数。

7.实训中用到的记账凭证、账页的格式，请参见实际工作中所用的、真实的凭证与账页，这里从略。

表7-58 **炼铁车间产品成本计算单**

2024年2月 金额单位：元

项目		直接材料	直接人工	制造费用	合计
月初在产品成本					
本月发生费用					
合计					
产量	完工产品产量				
	广义在产品数量				
	合计				
单位成本					
应计入产成品成本中的份额					
月末在产品成本					

表7-59 **炼钢车间产品成本计算单**

2024年2月 金额单位：元

项目		直接材料	直接人工	制造费用	合计
月初在产品成本					
本月发生费用					
合计					
产量	完工产品产量				
	广义在产品数量				
	合计				
单位成本					
应计入产成品成本中的份额					
月末在产品成本					

表7-60　　**轧钢车间产品成本计算单**

2024年2月　　金额单位：元

项目		直接材料	直接人工	制造费用	合计
月初在产品成本					
本月发生费用					
合计					
产量	完工产品产量				
	广义在产品数量				
	合计				
单位成本					
应计入产成品成本中的份额					
月末在产品成本					

表7-61　　**以银行存款支付的各项费用分配表**

2024年2月　　单位：元

分配对象		成本费用项目	金额
基本生产车间	炼铁车间	制造费用	
	炼钢车间	制造费用	
	轧钢车间	制造费用	
辅助生产车间	机修车间	制造费用	
行政管理部门		管理费用	
合计			

表7-62

材料费用分配表

2024年2月

单位：元

分配对象		成本项目	分配金额	合计
基本生产车间	炼铁车间	直接材料		
		制造费用		
		小计		
	炼钢车间	直接材料		
		制造费用		
		小计		
	轧钢车间	直接材料		
		制造费用		
		小计		
辅助生产车间	机修车间	机物料消耗		
		低值易耗品		
		小计		
行政管理部门		材料费用		
合计				

表7-63

工资费用分配表

2024年2月

单位：元

分配对象		成本项目	金额
基本生产车间	炼铁车间	直接人工	
		制造费用	
		小计	
	炼钢车间	直接人工	
		制造费用	
		小计	
	轧钢车间	直接人工	
		制造费用	
		小计	
辅助生产车间	机修车间	工资费用	
行政管理部门		工资费用	
合 计			

表7-64

固定资产折旧计算表

2024年2月　　金额单位：元

使用部门	炼铁车间	炼钢车间	轧钢车间	机修车间	行政管理部门
应记入的会计科目	生产成本（基本生产成本）	生产成本（基本生产成本）	生产成本（基本生产成本）	生产成本（辅助生产成本）	管理费用
固定资产原值					
折旧率					
折旧额					

表7-65

财产保险费分配表

2024年2月　　单位：元

分配对象	科目	本月计提金额
行政管理部门	管理费用	
合计		

表7-66

辅助生产费用分配表

车间：机修车间　　2024年2月　　金额单位：元

<table>
<tr><th rowspan="4">辅助生产车间</th><th rowspan="4">应分配费用</th><th rowspan="4">分配数量</th><th rowspan="4">分配率</th><th colspan="8">分配额</th></tr>
<tr><th colspan="6">基本生产车间</th><th colspan="2" rowspan="2">行政管理部门</th></tr>
<tr><th colspan="2">炼铁车间</th><th colspan="2">炼钢车间</th><th colspan="2">轧钢车间</th></tr>
<tr><th>数量</th><th>金额</th><th>数量</th><th>金额</th><th>数量</th><th>金额</th><th>数量</th><th>金额</th></tr>
<tr><td>机修车间</td><td></td><td></td><td></td><td></td><td></td><td></td><td></td><td></td><td></td><td></td><td></td></tr>
</table>

表7-67

完工产品成本汇总计算表

2024年2月　　单位：元

项目	直接材料	直接人工	制造费用	合计
炼铁车间				
炼钢车间				
轧钢车间				
成本合计				
单位成本				

（三）实训组织方法及步骤

本实训安排在相关理论知识讲授完之后进行，在实训指导教师的指导下，由学生独立完成。学生以班级为单位统一到会计手工模拟实验室进行实训。实训前要求学生对相关知识进行预习，特别是要对基础会计中的有关记账凭证的编制和账簿登记的规定进行复习。实训的具体步骤如下：

1.根据本月发生的各项费用的原始凭证编制费用分配表，并根据这些原始凭证（包括编制的费用分配表）填制记账凭证。

2.根据审核无误的记账凭证登记相关的总账和明细账以及各产品成本计算单。

3.学生两人一组，互相对所填制的记账凭证进行审核。

4.根据审核无误的记账凭证登记有关明细账。

5.将建筑用钢筋产品总成本进行成本还原。

6.根据审核无误的记账凭证编制科目汇总表。

7.根据科目汇总表登记有关总账。

实训结束后学生应将完成的各种数据转入配发的档案袋中，上交实训指导教师。

本实训计划安排2个学时。

（四）实训参考答案

1.自制原始凭证见表7-68至表7-77：

表7-68　　**以银行存款支付的各项费用分配表**

2024年2月　　单位：元

分配对象		成本费用项目	金额
基本生产车间	炼铁车间	制造费用	9 200
	炼钢车间	制造费用	10 000
	轧钢车间	制造费用	9 360
辅助生产车间	机修车间	制造费用	5 200
行政管理部门		管理费用	10 240
合计			44 000

表7-69 **材料费用分配表**

2024年2月 单位：元

分配对象		成本项目	分配金额	合计
基本生产车间	炼铁车间	直接材料	2 200 000	2 200 000
		制造费用	75 000	75 000
		小计	2 275 000	2 275 000
	炼钢车间	直接材料		
		制造费用	69 000	69 000
		小计	69 000	69 000
	轧钢车间	直接材料		
		制造费用	62 000	62 000
		小计	62 000	62 000
辅助生产车间	机修车间	机物料消耗	25 000	25 000
		低值易耗品	18 000	18 000
		小计	43 000	43 000
行政管理部门		材料费用	10 000	10 000
合计			2 459 000	2 459 000

表7-70 **工资费用分配表**

2024年2月 单位：元

分配对象		成本项目	金额
基本生产车间	炼铁车间	直接人工	150 000
		制造费用	54 000
		小计	204 000
	炼钢车间	直接人工	135 000
		制造费用	45 000
		小计	180 000
	轧钢车间	直接人工	114 000
		制造费用	36 000
		小计	150 000
辅助生产车间	机修车间	工资费用	99 000
行政管理部门		工资费用	105 000
合 计			738 000

表7-71

固定资产折旧费用分配表

2024年2月

金额单位：元

使用部门	炼铁车间	炼钢车间	轧钢车间	机修车间	行政管理部门	合计
应记会计科目	生产成本（基本生产成本）	生产成本（基本生产成本）	生产成本（基本生产成本）	生产成本（辅助生产成本）	管理费用	
固定资产原值	1 200 000	1 500 000	1 000 000	800 000	500 000	5 000 000
折旧率	0.6%	0.6%	0.6%	0.6%	0.6%	—
折旧额	7 200	9 000	6 000	4 800	3 000	30 000

表7-72

财产保险费分配表

2024年2月

单位：元

分配对象	科目	本月计提金额
行政管理部门	管理费用	15 000
合计		15 000

表7-73

辅助生产费用分配表

车间：机修车间

2024年2月

金额单位：元

辅助生产车间	应分配费用	分配数量	分配率	分配额							
				基本生产车间						行政管理部门	
				炼铁车间		炼钢车间		轧钢车间			
				数量	金额	数量	金额	数量	金额	数量	金额
机修车间	152 000	12 500	12.16	5 000	60 800	3 000	36 480	3 500	42 560	1 000	12 160

表7-74

炼铁车间产品成本计算单

2024年2月

金额单位：元

项目		直接材料	直接人工	制造费用	合计
月初在产品成本		7 500	500	1 000	9 000
本月发生费用		2 200 000	150 000	206 200	2 556 200
合计		2 207 500	150 500	207 200	2 565 200
产量	完工产品产量	130	130	130	130
	广义在产品数量	70	70	70	70
	合计	200	200	200	200
单位成本		11 037.5	752.5	1 036	12 826
应计入产成品成本中的份额		1 434 875	97 825	134 680	1 667 380
月末在产品成本		772 625	52 675	72 520	897 820

表7-75

炼钢车间产品成本计算单

2024年2月

金额单位：元

项目		直接材料	直接人工	制造费用	合计
月初在产品成本			600	1 650	2 250
本月发生费用			135 000	169 480	304 480
合计			135 600	171 130	306 730
产量	完工产品产量		130	130	130
	广义在产品数量		40	40	40
	合计		170	170	170
单位成本			797.65	1 006.65	1 804.30
应计入产成品成本中的份额			103 694.50	130 864.50	234 559
月末在产品成本			31 905.50	40 265.50	72 171

表7-76

轧钢车间产品成本计算单

2024年2月

金额单位：元

项目		直接材料	直接人工	制造费用	合计
月初在产品成本			600	1 000	1 600
本月发生费用			114 000	155 920	269 920
合计			114 600	156 920	271 520
产量	完工产品产量		130	130	130
	广义在产品数量		5	5	5
	合计		135	135	135
单位成本			848.89	1 162.37	2 011.26
应计入产成品成本中的份额			110 355.70	151 108.10	261 463.80
月末在产品成本			4 244.30	5 811.90	10 056.20

表7-77

完工产品成本汇总计算表

2024年2月

单位：元

项目	直接材料	直接人工	制造费用	合计
炼铁车间	1 434 875	97 825	134 680	1 667 380
炼钢车间		103 694.50	130 864.50	234 559
轧钢车间		110 355.70	151 108.10	261 463.80
成本合计	1 434 875	311 875.20	416 652.60	2 163 402.80
单位成本	11 037.50	2 399.04	3 205.02	16 641.56

2.会计分录：

（1）借：生产成本——基本生产成本（炼铁车间）	9 200	
——基本生产成本（炼钢车间）	10 000	
——基本生产成本（轧钢车间）	9 360	
——辅助生产成本（机修车间）	5 200	
管理费用	10 240	
贷：银行存款		44 000
（2）借：生产成本——基本生产成本（炼铁车间）	2 275 000	
——基本生产成本（炼钢车间）	69 000	
——基本生产成本（轧钢车间）	62 000	
——辅助生产成本（机修车间）	43 000	
管理费用	10 000	
贷：原材料		2 367 000
周转材料		92 000
（3）借：生产成本——基本生产成本（炼铁车间）	204 000	
——基本生产成本（炼钢车间）	180 000	
——基本生产成本（轧钢车间）	150 000	
——辅助生产成本（机修车间）	99 000	
管理费用	105 000	
贷：应付职工薪酬		738 000
（4）借：管理费用	15 000	
贷：其他应付款		15 000
（5）借：生产成本——基本生产成本（炼铁车间）	7 200	
——基本生产成本（炼钢车间）	9 000	
——基本生产成本（轧钢车间）	6 000	
——辅助生产成本（机修车间）	4 800	
管理费用	3 000	
贷：累计折旧		30 000
（6）借：生产成本——基本生产成本（炼铁车间）	60 800	
——基本生产成本（炼钢车间）	36 480	
——基本生产成本（轧钢车间）	42 560	
管理费用	12 160	
贷：生产成本——辅助生产成本（机修车间）		152 000
（7）借：库存商品	2 163 402.80	
贷：生产成本——基本生产成本（炼铁车间）		1 667 380
——基本生产成本（炼钢车间）		234 559
——基本生产成本（轧钢车间）		261 463.80

四、案例专栏

案例一 《企业产品成本核算制度——钢铁行业》应用实解

2015年的中央经济工作会议将“降成本”列为2016年的五大重点任务之一，而钢铁行业正面临全行业持续低迷、企业盈利普遍低微甚至亏损的局面。在市场竞争异常激烈的背景下，成本已成为钢铁企业的“生死线”。2015年11月12日，财政部发布了《关于印发〈企业产品成本核算制度——钢铁行业〉的通知》（财会〔2015〕20号），并自2016年1月1日起施行，其具体应用具有现实意义。

1.案例引入

民泰钢铁公司是大批量多步骤生产的股份有限责任公司，主要生产带钢、线材等钢产品。生产过程依次为烧结→炼铁→炼钢→轧钢，每一个生产步骤均由独立的生产厂完成，分别为选烧厂、炼铁厂、炼钢厂和轧钢厂。

（1）生产工艺和生产组织特点

生产工艺特点分析。选烧厂是将原材料经烧结工序产出烧结矿，作为自制半成品由炼铁厂领用，通过冶炼工序生产出炼钢铁和铸造铁，继续通过逐步结转，炼钢铁作为原材料投入炼钢厂，经冶炼和浇铸工序生产出钢坯，最后经轧钢厂领用，加工成带钢、线材等产成品。

生产组织特点分析。案例企业由四个生产厂组成，分别为选烧厂（主要生产烧结矿）、炼铁厂（主要生产炼钢铁和铸造铁）、炼钢厂（主要生产钢坯）和轧钢厂（主要生产各种带钢、螺纹钢等）。

（2）成本计算方法选择

案例企业生产工艺过程属于长流程，即以烧结矿石为原料，经过炼铁、炼钢、轧钢等环节，逐步计算并结转各步骤半成品成本，最后计算出产成品成本，所以钢铁企业是连续式多步骤生产，适宜采用逐步结转分步法。而单独分析每个加工步骤所采用的方法都是以本步骤完工产品为成本计算对象的品种法；轧钢厂如果产成品规格繁多，可以在基本成本计算方法的基础上结合使用辅助成本计算方法——分类法。

综上，民泰钢铁公司的成本计算方法是品种法、分类法和逐步结转分步法的结合应用。

2.第一步骤——选烧厂成本核算

本案例中，选烧厂是第一加工环节，主要生产任务是将铁精粉配入适量的其他含铁量和溶剂（如石灰石、白云石）混匀后，通过烧结生产出满足高炉冶炼需要的，具有一定铁分、强度、碱度、粒度和还原性的烧结矿。

选烧厂生产工艺和生产组织特点如下：

选烧厂工艺流程是连续封闭的四个环节：破碎→配料→混匀→烧结。

案例企业设有一个基本生产车间——烧结车间，两个辅助生产车间——维修车间、机运车间。生产组织属于大量连续封闭式单一产品生产。

3.第二步骤——炼铁厂成本核算

本案例中炼铁厂是第二个加工环节，主要生产任务是把铁矿石、燃料、熔剂等炉料，按一定比例从高炉上部送入，下部鼓入空气燃烧燃料，炉料经过加热、还原、熔化、选渣、渗碳、脱硫等一系列物理化学工程，将氧化铁氧化还原成生铁，最后炼出炼钢铁和铸造铁。

生产组织特点为：该企业有一个基本生产车间——炼铁车间，是高炉冶炼的车间；两个辅助生产车间——维修车间、运输车间。生产组织属于大量连续封闭式产品生产，但在高炉冶炼生铁的过程中，除生产出生铁外，还可回收煤气、水渣等副产品。

回收副产品成本计算：财会〔2015〕20号文件第四章第五条“特殊项目成本的确认”，对副产品含义和计算进行了规定。所谓副产品，是钢铁企业在同一生产过程中，使用同种原料，在生产主产品的同时附带生产出来的非主要产品。

财会〔2015〕20号文件明确：副产品采用可变现净值、固定价格等方法确定成本，从主产品成本中扣除。本案例中，炼铁回收的副产品包括中型炉回收净煤气和大高炉回收粗煤气。具体的副产品收入包括煤气和压缩空气收入、水渣收入、TRT发电收入。月末将按实际回收量和公司计划价格（固定价格）计算的总金额在炼钢铁、铸造铁之间按产量比例进行分配，并从各自燃料及动力成本项目中扣除。

4.第三步骤——炼钢厂成本核算

炼钢是通过氧化的方法把生铁中的一部分碳和其他有害杂质（如硫、磷、锰等）除去，熔炼出钢坯。炼钢用原料主要是炼钢铁和废钢铁。

生产组织特点为：企业设有一个基本生产车间——炼钢车间，两个辅助生产车间——供水车间和供电车间，其中炼钢车间是通过转炉熔炼出不同品种规格的钢坯。生产组织属于大量连续不间断生产。

产品成本核算采用的是成本法，成本核算时设置“基本生产成本”“辅助生产成本”“制造费用”账户，设置的成本项目有“原料及主要材料”“辅助材料”“燃料及动力”“直接人工”“制造费用”，辅助生产费用采用计划成本分配法。

产品成本核算方法、程序及副产品成本计算过程见表7-78。

表7-78　**炼钢厂产品成本核算方法和程序**

方法、程序、副产品成本计算	内　容
成本计算对象	钢坯
成本计算方法	品种法
成本账户设置	“基本生产成本”“辅助生产成本”“制造费用”

续表

方法、程序、副产品成本计算	内　容
成本项目设置	原料及主要材料（炼钢铁、废钢、合金料等） 辅助材料（白灰、海绵铁、轻烧白云石、耐火料、球团矿、萤石等） 燃料及动力（氧气、氮气、氩气、焦炉煤气、水、电等） 直接人工 制造费用
辅助生产费用分配	计划成本分配法
制造费用的分配	直接结转记入“基本生产成本”明细账的“制造费用”成本项目
完工产品成本与月末在产品成本纵向分配	按年初固定数计算在产品成本法（各月末在产品数量稳定）
回收副产品	回收废钢按计划的价格（固定价格）计价，从基本生产成本明细账原料及主要材料成本项目中扣除；回收转炉煤气按计划价格计价，从基本生产成本明细账燃料及动力成本项目扣除

5.第四步骤——轧钢厂成本核算

轧钢是用一定品种的钢坯通过高温加热后，利用摩擦力拉进旋转的轧辊之间，轧件受压缩产生变形的过程，通过轧制使金属具有一定尺寸、现状和性能，如方钢、圆钢、角钢、钢轨等。本案例只以带钢和螺纹钢为例说明其成本核算。

（1）生产工艺和生产组织特点：

生产工艺。带钢生产工艺流程：原料（钢坯）→加热→破磷→粗轧→中轧→精轧→卷取→收集（成品）。螺纹钢生产工艺流程：钢坯→加热→轧制→剪切→冷切→收集（成品）。

生产组织。案例企业设两个基本生产车间——带钢车间、线材车间，一个辅助生产车间——供运车间。生产组织属大批量生产，带钢由带钢车间轧制，有3.5×145、4×165、4.5×195三种规格；螺纹钢由线材车间生产，分10～20cm若干规格，本月生产φ12、φ14、φ16三种规格的螺纹钢。

（2）产品成本核算方法和程序

该厂成本计算对象为带钢类、螺纹钢类，成本计算方法采用分类法，成本账户的设置、成本项目的设置同炼钢厂。辅助生产费用采用直接分配法，完工产品成本与在产品成本分配，由于各月末在产品数量稳定且数量相对很少，故采用不计算在产品成本法。

（3）回收物料、能源冲减成本

财会〔2015〕20号文件第四章第二条第六款规定回收的物料、能源按市场价格确定其价值，并冲减相应成本核算对象的原材料成本、燃料和动力成本。

本案例回收的废材包括切头切尾、精轧废、毛边带、氧化皮等，按实际回收的数量和公司计划价格（参照市场价格确定），从所耗原材料——钢坯成本中扣除。

值得注意的是，案例公司采用逐步结转分步法结转半成品成本，如果管理层需要了解产成品成本原始构成情况，需要进行三次成本还原，而财会〔2015〕20号文件并未对成本还原进行说明。

资料来源：夏萍.《企业产品成本核算制度——钢铁行业》应用实解［J］.财会月刊，2016（16）：71-73.

要求：

展示内容7-1

案例提示

1.请结合选烧厂工艺流程和生产组织特点，确定选烧厂产品成本计算方法。

2.结合以上内容，确定选烧厂产品成本核算程序。

3.请根据炼铁厂的生产组织特点确定炼铁厂产品成本核算方法和程序。

案例二　可乐公司产品成本的计算方法

甜甜乐可乐公司在招聘成本核算员的时候，财务部门负责人徐路经理首先介绍了该公司的生产工艺流程。其中，该公司生产的罐装可乐产品所需的直接材料是糖浆、碳酸水和易拉罐。生产过程的第一步骤是将自产或外购的糖浆浓缩液与碳酸水混合制成可装罐的液体，材料成本是碳酸水和糖浆的成本。第二步骤是将购买的空罐进行检测及清洗，然后装入可乐。第三步骤在空罐上加盖，然后将已装罐的可乐包装成箱。至此整个生产流程全部结束。

徐经理提出如下问题要求应聘人员回答：

1.若该公司生产的罐装液体及被检测、清洗的空罐不对外销售，且公司不需要罐装液体和空罐的成本资料，则该公司宜采用分步法中的哪一种方法？

2.若该公司生产的罐装液体及被检测、清洗的空罐可对外销售，且公司需要罐装液体和空罐的成本资料，则该公司宜采用分步法中的哪一种方法？

3.该公司能否采用分批成本法？

要求：假如你是应聘人员，你应该怎么回答以上问题呢？

资料来源：陈云.成本会计学学习指导书［M］.上海：立信会计出版社，2016.

展示内容7-2

案例提示

案例三　专访瑞尔集团邹其芳：走好规模与利润的平衡木

走进星巴克，点上一杯咖啡，敲半日电脑，或与伙伴畅聊，早已是许多都市白领常见的生活方式。但当时间回溯至1999年，只有在北京最繁华的国贸一楼，才能喝到一杯星巴克咖啡。

二十多年过去，在中国的一二三线城市，甚至经济发展较好的县级市里，已随处可见星巴克绿色的塞壬女妖徽标，中国目前的星巴克门店超过了6 500家。

这种规模化的成绩，被中国一位民营口腔医疗机构创始人看在眼里。

“我最喜欢的商业模式，并非来自高科技公司，而是星巴克。”10月中旬，瑞尔集团创始人、董事长邹其芳接受经济观察报专访时说，“带有明显的零售、消费属性的口腔医疗行业也有可能复制星巴克模式。”

其实，在星巴克开出位于国贸第一家店后3个月，邹其芳就在距离星巴克1.5千米的长安街国际大厦开出了中国第一家高端口腔医疗诊所，那时，他已立志将口腔医疗机构做上规模。

现在，瑞尔集团在全国15个城市拥有123家门店，是上市公司里门店数量最多的口腔医疗集团，主要面向中高端市场提供服务，每年接诊超150万人次。

这种规模属性，使瑞尔集团与通策医疗（600763.SH）、马泷齿科等可类比的上市口腔医疗机构呈现出不同的经营特点。

通策医疗主攻中端市场，以口腔医院为主要运营形式，其创始人吕建明坚持“深挖洞，缓称王”，深耕浙江市场；在高端市场份额仅次于瑞尔集团的马泷齿科也在全国13个城市布局，门店数29家。

规模的扩张带来的利润压力反映在财务报表中。2019至2023财年，瑞尔集团新增了32家门店，营收从10.8亿元涨至14.7亿元，但这五年中，有三年的经调整净利润为负。

诚然，这当中有疫情因素影响，但盈利状态还是不可避免地成为二级市场投资者的关注点，瑞尔集团的股价在上市一年多时间里呈现下跌态势。

对股价问题，邹其芳并不回避，“我们也正在学习和理解二级市场的投资规律”；而对规模与利润关系的追问，邹其芳也没有松懈，在这次专访中，他提出瑞尔正在“健康快速发展”，已通过“同城加密”等方式来挖掘单城市产能，实现有质量的规模化。

此外，关于市场十分关注的种植牙集采政策影响，邹其芳回应，政策对营收影响不大，目前来看，种植牙数量大幅提升，这推动了种植牙收入小幅上涨，“种植牙政策让公众加强了口腔健康意识，从这个角度看对于行业发展是有帮助的”。

“1 000家门店仍是正确方向”

邹其芳追求规模的野心早有端倪，2017年，瑞尔集团曾提出过“千店计划”。不过瑞尔集团在近两三年的公开宣传中，并没有突出传递这一点，以至于一些瑞尔员工认为公司已经放弃了这一目标。

但实际上，邹其芳没有放弃规模化的长期愿景。

规模化地开口腔诊所并不像开星巴克那么简单，但在全球口腔行业，确有“千家门店”的现实模板，美国知名口腔连锁医疗集团Aspen Dental，已在全美开设了1 000多家口腔诊所。

2023年，邹其芳多次前往海外与同行交流。在9月美国一场业界讨论会上，他特意向 Aspen Dental 的创始人 Bob Fontana 取经——“从 100 家到 1 000 家是怎么走的”。

Bob Fontana 告诉他，Aspen Dental 最初十年是积累期，后十年则进入快速发展期，近期的速度已经达到每三天开一家诊所。

Aspen Dental 的规模化路径，瑞尔并不能够简单借鉴，两国口腔行业有着明显差异，尤其是在牙医人才这一基础资源上。

2022 年，中国每百万人口的牙医人数为 248 人，美国这一数据是 607 人。美国牙科学校之间差异不大，学生毕业时就具备临床动手能力，不需要企业投入太多的前期培训，这是他们的优势。2020 年，Aspen Dental 在全美招了约 10% 的牙科毕业生。

此外，美国口腔医疗机构与牙医间的独立性很强，机构负责提供设备、原材料、护士及营销行政人员，牙医负责提供医疗服务，两者收费独立，且医疗责任主要由牙医承担。在中国，牙医通常受雇于医疗机构，机构因而承担全部责任，这使得机构需要在成熟人才培养、医疗质量控制方面投入更多。

因此，中国的口腔医疗机构扩张规模，要付出更高的成本，或者需要更长的时间，邹其芳对此早有认知，“可能时间会多一点，但我目前觉得这还是正确的方向”。

在行业中，瑞尔的牙医成本处于中间水平。按员工成本计，瑞尔集团 2023 财年单个全职牙医对应的成本是 68 万元，同期，通策医疗单个牙医对应成本约 54 万元，而马泷齿科这一数据是 91 万元。

“如果没有人员储备，新开门店就是蛮干。我们从 2005 年开始就进行人员储备，建立培训体系。假如我有 100 家诊所，每家多储备 1 位主任级别的牙医，理论上我可以新开出 100 家诊所。但实际上不能过度储备，因为还要考虑到盈利。”邹其芳说。

规模和利润的取舍

瑞尔集团的规模扩张之路，大致可以分为两个阶段：1999 年至 2011 年，从 1 家到 10 家；2012 之后，从 10 家走向 100 家。

招股书显示，瑞尔集团在 2019 和 2020 财年扩张门店的速度较快，分别新开业 16 家、10 家医院/诊所，这使得成熟盈利期的门店占比降低，2020 财年，成熟门店仅占 35%（毛利率 20.2%），而扩张期门店则占到 49%（毛利率-30.8%）。

利润表上，扩张与利润的关系体现得非常明显。

2020 财年，瑞尔经调整净利是-1.79 亿元，利润同比下降 62.9%。2021 财年，受疫情等因素影响，瑞尔放慢了扩张速度，仅新开业 2 家医院/诊所，这一年，经调整净利由负转正，为 5 591 万元。

也正是在这期间，瑞尔筹备上市，计划募资 5.89 亿港元，其中 55% 用于在现有城市开设 32 家新瑞尔齿科诊所和 46 家瑞泰口腔医院及诊所；20% 用于扩张进入新城市开设 40 家瑞泰口腔医院及诊所。

2022年3月，瑞尔上市，但扩张速度有所回升，2023财年共新增了12家诊所和2家医院，其中包括收购江苏省的通善口腔集团（拥有1家医院、8家诊所），新建了1家医院和4家诊所。

2023财年也是疫情影响最深刻的一年，在内外部因素作用下，瑞尔这一财年的毛利率为16.7%，经调整净利也明显下降。

在二级市场，近一年来，瑞尔股价表现不佳。

邹其芳没有回避股价问题，直言正在学习和理解二级市场的投资规律，“现在感到，一级市场和二级市场的投资者对公司的理解和关注点有一些差异，实际上，我们一级市场的投资人对公司仍然抱有信心，比如淡马锡作为最大的机构投资者，一直没有减持”。

上市前，瑞尔集团获得了淡马锡、高盛、启明创投等多家顶级投资机构的青睐，目前，上市前的大股东大多还在，不过启明创投等有所减持。邹其芳解释说，启明创投减持是因其基金本身的生命周期已结束，需要终止和清算。

他认为，受上市公司信息披露度等因素影响，相比于一级市场投资者，二级市场投资者对公司状态的了解没有那么全面。

邹其芳将瑞尔当前的发展阶段定位为“转折期”，当一家诊所盈利，新开一家就会把它的盈利全吃掉，但生长一段时间后，盈利自然会上来。“以前我们盈利诊所的比例小，现在盈利诊所占比增大了，所以我们对今后的发展充满了信心”。

“第二曲线”是医院还是诊所

瑞尔对规模的追求更多寄希望于其“第二曲线”——瑞泰口腔。

1999年，瑞尔开设第一家齿科诊所时，定位是中国高端民营口腔医疗机构，单纯的高端路线走了13年，主要布局在北京、上海、深圳等一线城市。

直至2012年，当瑞尔完成了GL capital领投的B轮融资后，开始孵化“第二曲线”瑞泰口腔，并进入中端市场，加快扩张速度。

据弗若斯特沙利文报告，高端民营口腔医疗的挂牌价格相较三甲医院同类服务的标准价格高出至少25%，而民营中端口腔医疗挂牌价格较三甲医院高出约10%。

在行业内，瑞尔齿科是高端口腔医疗市场份额最大的机构，排在第二位的是马泷齿科。而在中端口腔医疗市场，市场龙头则是深耕浙江市场的通策医疗。

相比于高端市场，中端口腔医疗的市场规模更大。弗若斯特沙利文数据显示，高端市场规模预计在2025年可达到74.9亿元，而中端市场预计是1 725.9亿元。

2012年开始孵化瑞泰口腔进入中端市场时，邹其芳面临的第一个问题是，开医院还是诊所?

对标中端市场行业龙头通策医疗来看，其大部分营收都来源于口腔医院，2012年，杭州口腔医院和宁波口腔医院占通策医疗总营收87%以上。

瑞尔最初的选择也是医院。邹其芳当时专门组织了大量的市场调研，内部形成高度共识——相信口腔医院更适合中端市场。

2012年初，第一家瑞泰口腔医院在北京开业；2014年，瑞尔进入成都，开了第二家瑞泰口腔医院。

但在发展过程中，瑞泰并没有完全走口腔医院这一路线，同时也在布局诊所。

邹其芳解释，第一年，瑞泰口腔医院就亏了2 000多万元，“医院前期投入大、时间长，但公司总得有一个规模，所以我们在北京开出第一家口腔医院后，决定还是开大门诊”。

不过，邹其芳仍认为，在中端市场开设医院是正确的选择。“回过头来看，如果我有足够的资源、足够的定力，我还开医院。事实也证明，医院效益比诊所要高得多，因为有规模效应”。

现在，北京瑞泰口腔医院单店年营收已近2亿元，单店利润率达到了40%左右。成都瑞泰口腔医院也给瑞尔带来了不错的收益，2015至2021财年，瑞尔在成都市场收入的年复合增长率是100%。

目前，瑞尔在全国共有9家瑞泰口腔医院、114家瑞尔齿科及瑞泰口腔诊所，医院的毛利率也高于诊所。

在邹其芳的计划中，未来针对中端市场的瑞泰口腔将成为集团主要的增长曲线。2022财年，瑞泰口腔的营业收入占比已经超过了瑞尔齿科。

追求更有效率的规模化

瑞尔集团上市后，邹其芳一直在思考如何在扩张规模的同时实现利润快速增长，他目前的策略是“健康快速发展”，意思是在正向现金流的支持下扩张，以使得未来利润释放的增速比收入增速更快。

2023财年末，瑞尔集团的现金及现金等价物是6.2亿元。

“支撑企业长期发展的核心是现金流。我们的现金流是正向的，可以支持开更多的新店、长久的发展，这是最重要的一点。”邹其芳认为，只要保持一种稳定速度的增长，未来利润释放的增速一定比收入快。

在扩张速度上，相比于医院及诊所数量，邹其芳更愿意看牙椅数量这一指标。他介绍，2017年、2018年每年牙椅增速在30%以上，近两年的增速已经大大放缓。

在牙椅数量增速放缓的同时，瑞尔还在着手提升效率。以往瑞尔平均每家门店的月度盈亏平衡时间是16个月，邹其芳说，现在这个时间已经大大缩短。

效率的提升，得益于瑞尔正在采取的“同城加密”策略，新开门店分享了品牌在本地积累的影响力。

“同城加密”也是通策医疗正在采取的一种模式，目前通策医疗的“蒲公英计划”已在浙江开出了36家分院。在杭州这一座城市，通策医疗除了杭州口腔医院总院外，还有4家分院区。

邹其芳并不避讳借鉴同行的经验，他认为，通策医疗深耕浙江杭州收获不错的收益，给了行业更多信心——深入挖掘单城市产能可以实现更快的盈利。

“北京的体量要比杭州大多了，我们目前已在的15个城市都有可能做出一个杭州来，只是看我们有没有这个能力。”基于这样的判断，邹其芳认为，如果现有15个城市的消费潜力都能深入挖掘成功，未来就在这15个城市中做出1 000家门店并非不可能，“需要给自己一点时间，再有两三年或者甚至是五年十年”。

他的信心来自对行业宏观环境的判断。2020年，中国人均GDP是1万美元，人均口腔医疗消费仅15美元左右。而美国1975年GDP人均1万美元时，人均口腔医疗消费约25美元，当前人均口腔医疗消费金额已经达到了474美元，四五十年间增长了近18倍。

邹其芳认为，中国经济持续发展，未来市场前景可期，消费者一定会选择提供长期性、高质量的医疗服务机构。

资料来源：张英. 专访瑞尔集团邹其芳：走好规模与利润的平衡木［N］. 经济观察报，2023-10-27.

模块八　成本报表的编制与分析实训

一、实训目的

通过对该模块的实训，掌握成本报表编制的基本原理与基本方法，并能够对成本报表做相应的分析，为财务决策提供依据。由此培养学生的理论应用能力和实际动手操作能力，训练其实务操作技能。

本模块的思政目标为，帮助学生树立成本会计人员立足本职岗位，做好要素费用的归集与分配等基础工作的理念，并将自身职业规划与企业发展、时代发展相结合，在实现个人抱负的同时，树立服务人民、服务群众的理想信念。

二、理论知识点

（一）成本报表的含义

会计报表是根据日常会计核算资料归集、加工、汇总而形成的一个完整的报告体系，它能比日常核算资料更集中、更深刻地反映企业生产经营活动的全貌。会计报表按服务对象划分为两类：对外报送的财务报表和为企业内部管理编制的成本报表。

成本报表是根据日常成本核算资料定期编制，用以反映产品成本的构成及水平、考核和分析成本计划执行情况的书面报告。

（二）成本报表的作用

1.成本报表提供了企业一定时期的产品成本水平及费用支出情况。

2.通过成本报表，可以分析和考核企业成本计划的执行情况，揭示工业企业在生产、技术和经营、管理方面取得的成绩和存在的问题，促使企业降低成本、节约费用，从而提高企业的经济效益。

3.报表中的成本资料还可以为企业确定产品价格、编制成本和利润等计划提供重要的数据资料。

4.企业主管机构利用成本报表，通过对成本报表的分析，还可以有效监督和管理企业经济活动。

（三）成本报表的特点

（1）灵活性。成本报表不受对外报送报表所规定的要求限制，所以成本报表的种类、格式、指标项目、编报时间等可以根据企业实际需要自行设计，不断进行修改、调整，具有较大的灵活性。

（2）多样性。成本报表是根据企业的生产特点和管理要求而设计的，不同企业的生产特点和成本管理要求有所不同，因此，成本报表在种类、格式、指标等方面都有所不同，呈现出多样性。

（3）综合性。由于成本报表需要同时满足企业内部财会、生产技术、计划管理等部门对成本管理的需要，不仅提供用于事后分析的资料，还要提供事前、事中控制所需要的大量信息，因此成本报表不仅要设置货币指标，还要设置反映成本消耗的数量等指标；不仅包含会计核算提供的指标，还包含统计、业务核算提供的指标。综上所述，成本报表包含了各方面的信息，具有较大的综合性。

（四）成本报表的分类

成本报表不是对外报送或公布的会计报表，因此，成本报表的种类、项目、格式和编制方法，由企业自行确定。企业主管部门为了对本系统所属企业的成本管理工作进行指导，为了给国民经济管理提供所需成本数据，也可以要求企业将其成本报表作为会计报表的附表上报。在这种情况下，企业成本报表的种类、项目、格式和编制方法，也可以由主管部门会同企业共同规定。

（1）成本报表按反映的内容不同，可以划分为反映费用情况的报表和反映成本情况的报表两类。反映费用情况的报表有制造费用明细表、销售费用明细表、管理费用明细表和财务费用明细表等。反映成本情况的报表有产品生产成本表、主要产品生产成本表、责任成本表、质量成本表等。

（2）成本报表按编制的范围不同，可以划分为全厂成本报表、车间成本报表、班组成本报表及责任个人成本报表等。

（3）成本报表按编制的时间不同，可以划分为年报、季报和月报等。

（五）编制成本报表的要求

1.考虑报表的专题性

专题性是指成本报表的设计必须满足成本管理对某一方面的需要，重点反映成本管理的关键问题。例如，对成本形成有重大影响和费用发生集中的部门，应单独编制有关成本报表，以提供充分的成本信息，使成本报表的编制取得理想效果。

2.注意报表格式的针对性

成本报表格式的设计，要能针对某一具体业务的特点及存在的问题，突出重点，简明扼要，要避免格式繁杂、计算烦琐。

3.达到报表指标内容的实用性

成本报表的指标设计应以满足企业内部成本管理的需要为标准，既可用完全成本进行反映，也可以按变动成本和固定成本进行反映，还可以考虑将成本指标与生产工艺规格及各消耗定额对照，以便从原始的资料入手，分析成本升降的原因，挖掘降低成本的潜力。

4.做到编制及时

尽管成本报表属于企业内部经营管理的报表，不受外部报表规定的限制，但为了反映成本计划和预算的执行情况，也要定期按月、季、年编制，以便为企业编制成本计划提供必要的成本信息。

（六）成本报表分析的基本方法

成本报表分析是运用一定方法对成本报表的数据及有关资料进行加工处理，查明成本升降的各个因素及其相互作用，确定各因素对成本的影响程度，是一种降低成本的手段。

成本报表分析的方法有多种，企业应根据自身的特点、分析的要求选择运用。成本报表分析的基本方法有对比分析法和因素分析法两种。

1.对比分析法

对比分析法是通过成本指标在不同时期的数据对比，确定数量差异，揭示经济活动中存在问题的一种基本分析方法。对比分析法既可以采用绝对数指标对比，也可以采用相对数指标进行对比。对比分析法除用于绝对指标对比外，在很多情况下还需要进行相对数的对比分析。通过计算和对比经济指标的比率，进行数量分析的一种方法，称为比率分析法，主要有相关指标比率分析、构成比率分析以及动态比率分析等形式。

2.因素分析法

因素分析法是指将某一综合指标分解为若干相互联系的因素，按顺序分别计算和分析各因素影响程度的一种分析方法。成本指标是一个综合性指标，它受到许多因素的影响，只有把成本指标分解为若干构成因素，才能明确成本指标完成情况的原因和责任，而且还能克服对比分析法的不足，即能揭示产生差异的因素和各因素对指标的影响程度。因素分析法是成本报表分析中常用的一种方法。

三、实训内容

实训　成本报表的编制与分析实训

（一）实训所需条件

1.实训所需资料。

（1）企业基本情况。

朝阳市钢铁有限公司是辽宁省朝阳市一家加工制造企业，现设有一个基本生产车间和修理车间、供电车间两个辅助生产车间。

基本生产车间常年生产内齿轮、外齿轮、圆柱齿轮和扇形齿轮四种产品，其中，内齿轮、外齿轮、圆柱齿轮为可比产品，扇形齿轮为不可比产品，生产产品的主要材料是铁粉、铝粉及不锈钢等。

（2）其他材料。

该公司2023年度生产总成本为3 078 100元，年末企业编报成本报表并对成本报表进行分析，有关产量及成本资料见表8-1至表8-4。

表8-1　**全部产品产量资料汇总表**

2023年12月　　单位：件

产品名称	内齿轮	外齿轮	圆柱齿轮	扇形齿轮
上年实际	11 000	23 000	36 000	
本年计划	12 000	24 500	35 000	60 000
本月实际	1 000	2 000	3 000	4 000
本年实际	10 500	26 000	40 000	55 000

表8-2　**主要产品单位成本汇总表**

2023年12月　　单位：元

产品成本项目		直接材料	直接人工	制造费用	合计
内齿轮	上年实际	210	110	50	370
	本年计划	205	100	40	345
	本月实际	204	98	38	340
	本年实际	208	102	36	346
外齿轮	上年实际	150	65	38	253
	本年计划	141	60	33	234
	本月实际	161	62	30	253
	本年实际	160	61	32	253
圆柱齿轮	上年实际	160	84	43	287
	本年计划	150	80	42	272
	本月实际	152	82	38	272
	本年实际	154	83	38	275
扇齿齿轮	本年计划	100	50	30	180
	本月实际	95	54	26	175
	本年实际	96	53	25	174

表8-3　外齿轮直接材料单位消耗量及材料单价汇总表

2023年12月　金额单位：元

直接材料	计量单位	实际数			计划数		
		消耗量	单价	金额	消耗量	单价	金额
铁粉	千克	2.4	14	33.6	2.8	12	33.6
铝粉	千克	20	5	100	18	4.5	81
不锈钢	千克	1.2	22	26.4	1.1	24	26.4
合计				160			141

表8-4　外齿轮单位工时消耗及小时薪酬率统计表

2023年12月

项　目	实际数	计划数
单位产品生产工时（小时）	5	6
小时薪酬率（元/小时）	12.2	10
小时费用率（元/小时）	6.4	5.5
单位产品直接人工费用（元）	61	60
单位产品制造费用（元）	32	33

2.实训所需表格可自行设计，实训还需要计算器、档案袋、装订线、装订机等工具。

（二）实训要求

1.编制按产品品种反映的“产品生产成本表”。

2.进行可比产品计划完成情况的分析，并作必要的分析说明。

3.对可比产品成本降低任务完成情况进行分析，并作必要的分析说明。

4.对外齿轮进行产品单位成本的分析，对其成本项目指标完成情况做出相应的评价。

5.计算过程中，成本降低率保留四位小数，成本降低额保留两位小数。

6.以上所提及表格格式可参照表8-5至表8-13。

表8-5　　　**产品生产成本表（按产品品种反映）**

2023年12月　　　　金额单位：元

产品名称	计量单位	实际产品		单位成本				本月总成本			本年累计总成本		
		本月	本年	上年	计划	本月	本年	上年	计划	本月	上年	计划	实际
①	②	③	④	⑤	⑥	⑦	⑧	⑨	⑩	⑪	⑫	⑬	⑭
可比产品成本合计													
内齿轮													
外齿轮													
圆柱齿轮													
不可比产品：扇形齿轮													
全部产品成本合计													

注：⑨=③×⑤；⑩=③×⑥；⑪=③×⑦；⑫=④×⑤；⑬=④×⑥；⑭=④×⑧。

表8-6　　　**可比产品生产成本变动分析表**

2023年12月　　　　金额单位：元

产品名称		内齿轮	外齿轮	圆柱齿轮	合计
产量	计划①				
	实际②				
单位成本	上年③				
	计划④				
	实际⑤				
按计划产量计算总成本	上年⑥=①×③				
	计划⑦=①×④				
	实际⑧=①×⑤				
按实际产量计算总成本	上年⑨=②×③				
	计划⑩=②×④				
	实际⑪=②×⑤				
计划降低	降低额⑫=⑥-⑦				
	降低率⑬=⑫÷⑥				
实际降低	降低额⑭=⑨-⑪				
	降低率⑮=⑭÷⑨				

表8-7

可比产品成本降低计划表

2023年12月 金额单位：元

产品名称	计量单位	全年计划产量	单位成本		本年累计总成本		计划降低任务	
			上年实际平均	本年计划	上年实际平均	本年计划	降低额	降低率
内齿轮	件							
外齿轮	件							
圆柱齿轮	件							
合计	—							

表8-8

可比产品成本降低计划完成情况

2023年12月 金额单位：元

降低指标	计划相对上年		实际相对上年		实际脱离计划差异	
	降低额	降低率	降低额	降低率	降低额	降低率
可比产品						

可比产品成本降低计划完成情况的分析过程：

表8-9

可比产品成本影响因素分析表

2023年12月

影响成本变动因素	变动额（元）	变动率（%）
产品产量的变动		
产品品种结构的变动		
单位成本的变动		
合计		

表8-10

外齿轮单位产品成本变动分析表

2023年12月 单位：元

成本项目	单位生产成本			变动额	
	上年实际平均	本年计划	本年实际平均	对上年	对计划
直接材料					
直接人工					
制造费用					
合计					

表8-11 **外齿轮直接材料费用变动分析表**

2023年12月 金额单位：元

直接材料	计量单位	实际数			计划数			差额	
		消耗量	单价	金额	消耗量	单价	金额	量差	价差
铁粉	千克								
铝粉	千克								
不锈钢	千克								
合计	—								

表8-12 **外齿轮直接人工费用变动分析表**

2023年12月

项目	实际数	计划数	差额	
			量差	价差
单位产品生产工时（小时）				
小时薪酬率（元/小时）				
单位产品薪酬费用（元）				

表8-13 **外齿轮制造费用变动分析表**

2023年12月

项目	实际数	计划数	差额	
			量差	价差
单位产品生产工时（小时）				
小时费用率（元/小时）				
单位产品制造费用（元）				

（三）实训组织方法及步骤

本实训安排在相关理论知识讲授完之后进行，在实训指导教师的指导下，由学生独立完成。学生以班级为单位统一到会计手工模拟实验室进行实训。实训前要求学生对相关知识进行复习。

学生两人一组，对所填制的成本报表进行互相审核。

实训结束后学生应将完成的各种数据转入配发的档案袋中，上交实训指导教师。

本实训计划安排1个学时。

（四）实训参考答案

自制原始凭证见表8-14至表8-22。

表8-14

产品生产成本表（按产品品种反映）

2023年12月

金额单位：元

产品名称	计量单位	实际产品		单位成本				本月总成本			本年累计总成本		
		本月	本年	上年	计划	本月	本年	上年	计划	本月	上年	计划	实际
①	②	③	④	⑤	⑥	⑦	⑧	⑨=③×⑤	⑩=③×⑥	⑪=③×⑦	⑫=④×⑤	⑬=④×⑥	⑭=④×⑧
可比产品成本合计								1 737 000	1 629 000	1 662 000	21 943 000	20 586 500	21 211 000
内齿轮	件	1 000	10 500	370	345	340	346	370 000	345 000	340 000	3 885 000	3 622 500	3 633 000
外齿轮	件	2 000	26 000	253	234	253	253	506 000	468 000	506 000	6 578 000	6 084 000	6 578 000
圆柱齿轮	件	3 000	40 000	287	272	272	275	861 000	816 000	816 000	11 480 000	10 880 000	11 000 000
不可比产品：扇形齿轮	件	4 000	55 000		180	175	174		720 000	700 000		9 900 000	9 570 000
全部产品成本合计		10 000	131 500					1 737 000	2 349 000	2 362 000	21 943 000	30 486 500	30 781 000

表8-15　**可比产品生产成本变动分析表**

2023年12月　金额单位：元

产品名称		内齿轮	外齿轮	圆柱齿轮	合计
产量	计划①	12 000	24 500	35 000	71 500
	实际②	10 500	26 000	40 000	76 500
单位成本	上年③	370	253	287	
	计划④	345	234	272	
	实际⑤	346	253	275	
按计划产量计算总成本	上年⑥=①×③	4 440 000	6 198 500	10 045 000	20 683 500
	计划⑦=①×④	4 140 000	5 733 000	9 520 000	19 393 000
	实际⑧=①×⑤	4 152 000	6 198 500	9 625 000	19 975 500
按实际产量计算总成本	上年⑨=②×③	3 885 000	6 578 000	11 480 000	21 943 000
	计划⑩=②×④	3 622 500	6 084 000	10 880 000	20 586 500
	实际⑪=②×⑤	3 633 000	6 578 000	11 000 000	21 211 000
计划降低	降低额⑫=⑥-⑦	300 000	465 500	525 000	1 290 500
	降低率⑬=⑫÷⑥	6.76%	7.51%	5.23%	6.24%
实际降低	降低额⑭=⑨-⑪	252 000	0	480 000	732 000
	降低率⑮=⑭÷⑨	6.49%	0	4.18%	3.34%

表8-16　**可比产品成本降低计划表**

2023年12月　金额单位：元

产品名称	计量单位	全年计划产量	单位成本		本年累计总成本		计划降低任务	
			上年实际平均	本年计划	上年实际平均	本年计划	降低额	降低率
内齿轮	件	12 000	370	345	4 440 000	4 140 000	300 000	6.76%
外齿轮	件	24 500	253	234	6 198 500	5 733 000	465 500	7.51%
圆柱齿轮	件	35 000	287	272	10 045 000	9 520 000	525 000	5.23%
合计	—				20 683 500	19 393 000	1 290 500	6.24%

表8-17　**可比产品成本降低计划完成情况**

2023年12月　金额单位：元

降低指标	计划相对上年		实际相对上年		实际脱离计划差异	
	降低额	降低率	降低额	降低率	降低额	降低率
可比产品	1 290 500	6.24%	732 000	3.34%	-558 500	-2.90%

表8-18　**可比产品成本影响因素分析表**

2023年12月

影响成本变动因素	变动额（元）	变动率（%）
产品产量的变动	76 971.50	
产品品种结构的变动	-10 971.50	-0.05
单位成本的变动	-624 500	-2.85
合计	-558 500	-2.90

表8-19　**外齿轮单位产品成本变动分析表**

2023年12月　单位：元

成本项目	单位生产成本			变动额	
	上年实际平均	本年计划	本年实际平均	对上年	对计划
直接材料	150	141	160	10	-9
直接人工	65	60	61	-4	-5
制造费用	38	33	32	-6	-5
合计	253	234	253	0	-19

表8-20　**外齿轮直接材料费用变动分析表**

2023年12月　金额单位：元

直接材料	计量单位	实际数			计划数			差额	
		消耗量	单价	金额	消耗量	单价	金额	量差	价差
铁粉	千克	2.4	14	33.6	2.8	12	33.6	-4.8	4.8
铝粉	千克	20	5	100	18	4.5	81	9	10
不锈钢	千克	1.2	22	26.4	1.1	24	26.4	2.4	-2.4
合计	—			160			141	6.6	12.4

表8-21 外齿轮直接人工费用变动分析表

2023年12月

项目	实际数	计划数	差额	
			量差	价差
单位产品生产工时（小时）	5	6	-10	11
小时薪酬率（元/小时）	12.2	10		
单位产品薪酬费用（元）	61	60		

表8-22 外齿轮制造费用变动分析表

2023年12月

项目	实际数	计划数	差额	
			量差	价差
单位产品生产工时（小时）	5	6	-5.5	4.5
小时费用率（元/小时）	6.4	5.5		
单位产品制造费用（元）	32	33		

四、案例专栏

案例　改进成本报表的编制

兰雅化妆品公司是一家小型民营企业，生产两种主要产品。实习生姚鹏飞到该公司会计部门实习，负责编制成本报表，他注意到该企业的成本报表种类单一，只有表8-23所示的一种。于是他向部门主管提出建议，改进成本报表的编制。

表8-23 全部产品生产成本表（按成本项目反映）

企业名称：兰雅化妆品公司　　2023年12月　　单位：元

项目	本年累计实际数	本月实际数
直接材料	130 000	19 000
直接人工	60 000	20 000
制造费用	190 000	31 000
生产耗费合计	380 000	70 000
加：在产品期初余额	20 000	2 000
减：在产品期末余额	50 000	3 000
产品成本合计	350 000	69 000

要求：请帮助姚鹏飞分析兰雅化妆品公司改进成本报表编制的理由和途径，并说明为了改进成本报表编制需要增加哪些成本信息。

资料来源：陈云.《成本会计学》学习指导书［M］. 上海：立信会计出版社，2016.

展示内容

案例提示

参考文献

［1］杨贞斌．成本会计：理论与实训［M］．大连：东北财经大学出版社，2010.

［2］万寿义，任月君．成本会计［M］．6版．大连：东北财经大学出版社，2022.

［3］会计仿真实训平台项目组．成本会计实训［M］．2版．北京：清华大学出版社，2021.

［4］孙爱丽，余皓蕾，吴慧．成本会计学［M］．北京：清华大学出版社，2022.

［5］万寿义，任月君，李日昱．成本会计习题与案例［M］．6版．大连：东北财经大学出版社，2022.

［6］汪祥耀，杨忠智．成本会计学［M］．2版．北京：高等教育出版社，2022.

［7］耿慧敏，毕克如．成本会计［M］．北京：中国财政经济出版社，2016.

［8］田凤萍，盛文平．成本会计模拟实训教程［M］．哈尔滨：哈尔滨工业大学出版社，2011.

［9］徐哲．成本会计实训教程［M］．3版．大连：东北财经大学出版社，2019.

［10］张敏，黎来芳，于富生．成本会计学［M］．9版．北京：中国人民大学出版社，2021.